자유주의 자본론

자유주의 자본론

김승욱 엮음

Libertarian Views on Capital

백년동안

서문

오늘날 자본이라는 단어만큼 널리 쓰이면서도 제대로 정의가 되지 않은 용어도 드물 것이다. 일반인들은 자본이라고 하면 돈이나 사업 밑천을 떠올린다. 그러나 경제학자들은 자본이라고 하면 노동과 함께 생산요소를 떠올린다. 그들은 공장 건물이나 기계와 같은 생산설비를 자본재라 부르고 이를 금액으로 표시한 것을 자본이라 한다.

마르크스주의자들은 자본이라고 하면 자본가계급을 떠올린다. 또한 자본가를 착취를 일삼는 반민주적 존재라고 인식한다. 그리고 시장경제 체제의 별칭으로 사용되는 자본주의를 마르크스주의자들은 부정적인 개념으로 사용한다. 페르낭 브로델Fernad Braudel은 『물질문명과 자본주의』에서 자본주의를 "그다지 이타적이지 않은 목적에서 자본이 투입되는 방식"이라고 정의하고, 사재기 등 시장을 교란시키는 중개인들이 거래의 상층부를 장악하면서 자본주의가 등장했다고 보았다. 그는 경쟁도 별로 일어나지 않고 불평등 교환이 일어나는 반시장적 영역을 자본주의라고 불렀다. 이렇게 자본주의를 부정적으로 규정하듯이, 자본에 대해서도 '자본의 탐욕'이라든지 '투기자본'처럼 자본이라는 용어를 부정적인 의미로 사용하는 경우가 많다.

자본을 이렇게 나쁜 것으로 정의 내리는 것이 정당한가? 자본의 본질은 무엇인가? 주류 경제학에서는 자본을 노동과 함께 생산함수에서의 생산요소로 간주할 뿐, 그 본질에 대한 설명은 별로 하지 않는다. 그리고 자본의 개념도 매우 모호하다. 오늘날에는 노동도 물적자본과 대비시켜 인적자본이라고 부른다. 노동에 교육이 투입되고 지식도 많아지면 자본이 된다고 보면서, 자본과 노동을 구별하지 않는다. 이렇게 되면 창의력이나 기술도 자본의 범주에 속한다. 도로도 사회간접자본SOC이라 하고 후쿠야마Francis Fukuyama는 신뢰도 사회적 자본이라고 한다. 이렇게 자본이라는 개념은 부정적으로 사용될 뿐만 아니라, 매우 혼란스럽게 사용되고 있다.

이 책은 이러한 혼란을 바로잡는 데 기여하기 위해 자유주의에서 말하는 자본의 개념이 무엇을 의미하는지 설명하고자 저자 여섯 명의 견해를 실었다. 먼저 제1부에서는 자본에 대한 오해와 편견을 바로잡는 세 편의 글을 실었고, 제2부에서는 자유주의에서 말하는 자본이라는 것이 무엇을 의미하는지 설명하기 위해 세 편의 글을 실었다.

먼저 제1부의 첫 번째 글, 김승욱의 '자본의 미스터리: 자본은 역사적으로 어떻게 변화되는가?'에서는 자본의 몫이 터무니없이 많다는 주장을 반박한다. 상대적으로 희소한 생산요소를 보유한 계층이 더 많은 몫을 가지는 것이 시장원리다. 과거 자본이 부족했던 시대에는 자본을 보유한 사람들이 많은 몫을 챙겼으나 현대와 같은 자본과잉 시대에는 실질이자율이 거의 제로이기 때문에 자본만 보유한 사람들은 많은 몫을 챙기지 못한다. 아이디어 등을 가진 사람들이 더 유리하며, 자본을 많이 가졌다고 해서 반드시 더 많은 부를 보장받는 것이 아니라는 사실을 강조한다. 자본주의 제도들이 발전하기 이전에는 발명가와 기업가 그리고 자본가의 개념이 분화되지 않았다는 것도 여러 발명가의 사례를 통해서 설명한다. 오늘날에는 자본시장의 발달로 자본가와 기업가가 점차 구분되고 있다. 그런데 피케티Thomas Piketty는 이 둘을 구별하지 않았다. 그는 국민총생산에서 소비를 빼고 남은 것을 자본으로 보고 여기에 평균수익률을 곱해서 자본가의 소득으로 간주했는데, 김승욱은 이것을 잘못이라고 지적한다. 또한 저개발 국가들도 국토를 보유하고 있고 그 위에 건물을 지어 살고 있으므로 축적된 자본이 있는 셈인데, 여전히 자본이 부족하다고 하는 이유에 관해서 설명한다.

신중섭의 '자본에 대한 편견은 어디에서 왔는가'에서는 '자본'과 '자본주의'에 대한 부정적인 편견이 마르크스주의에서부터 유래했음을 지적한다. 또한 자본주의라는 용어는 19세기 말 사회주의자들과 마르크스주의자들이 그 당시 경제생활의 가장 어두운 측면인 착취, 불평등, 억압을 언급하기 위해 만들어낸 비판적 조어라고 그 연원을 밝힌다. 그러면서 이들이 자본주의가 잘 발전한 사회에서는 오히려 착취나 불평등 그리고 억압이 최소화됐다는 역사적 사실에 눈을 감고 있다고 비판한다. 오늘날 한국 사회에서도 여전히 이러한 해석이 팽배하며 현대의 사회문제가 모두 '자본의 논리'에서 생겼고 모든 악의 근원이 자본주의 때문이라는 편견이 널리 확산하고 있음을 지적한다. 특히 신중섭은 북한 『정치사전』에 나타난 자본·자본가·자본주의에 대한 정의를 소개하면서 '노동과 자본' 대립의 근원이 마르크스주의임을 환기시킨다.

김행범은 '자본에 대한 원한은 왜 나타나는가?'에서 오늘날 자본에 대해서 반감이 있는 이유를 자본의 정의에서 찾으면서 자본에 관한 세 가지 학설을 소개한다. 첫 번째는 자본을 생산의 3대 요소 중 하나로 보는 자본실체설, 두 번째는 자본을 우회생산을 가능케 하는 수단으로 보는 우회생산수단설, 세 번째는 "자본가가 이득을 획득하는 수단"이라고 보는 마르크스Karl Marx의 견해다. 김행범도 역시 자본에 대한 부정적인 인식이 마르크스의 자본에 대한 정의에서 유래했음을 좀 더 구체적으로 설명한다. 마르크스는 자본을 노동이 쌓여서 만들어진 것에 불과하다고 보았고 이에 따라 생산은 노동에서 나온다고 인식했다. 또한 자본은 잉여가치(이윤)를 산출할 능력이 전혀 없으므로, 오직 노동에만 보상이 주어져야 한다고 주장했다. 따라서 막대한 이윤을 가져가는 자본을 증오하는 가장 근본적인 이유는 자본에 대한 마르크스식 개념 정의로부터 출발한다. 도덕적 타락의 원인도 자본이 아니다. 왜냐하면 어떤 사람이든 돈을 많이 가지면 타락할 수 있기 때문이다. 또한 선행을 하는 자본가가 많음에도 자본가들을 무조건 악한 사람으로 매도하고 자본주의를 타락한 저질문화의 온상이라고 도덕적으로 비난하는 것은 정당하지 않다고 주장한다.

그러나 현대 사회에서는 마르크스주의자들 이외에도 여전히 많은 사람이 자본에 대한 비난을 그치지 않고 있다. 김행범은 지식인들이 자본주의에 원한을 갖는 이유에 대해서 슘페터Joseph Schumpeter, 노직Robert Nozick, 미제스Ludwig von Mises의 견해를 중심으로 설명한다. 슘페터는 자본주의가 자신을 붕괴시키는 자들을 낳는 경향이 있는데 그 주역이 자본주의 사회의 지식인이라고 했다. 노직도 지식인들이 자신의 탁월함을 인정받지 못했다는 점 때문에 자본주의에 대해서 더 큰 적대감을 갖게 된다고 했다. 그리고 미제스가 본 반자본주의 심성에 관해서도 설명한다. 결론적으로 자본이 곧 도덕의 타락을 초래하는 것이 아니고 신분에 따라 보상받는 체제가 아님에도 비판받는 이유는 마르크스의 자본에 대한 잘못된 정의 때문이기도 하며, 여기에 더해서 바람직한 지위에 도달하지 못한 사람들의 좌절된 야망에 대한 원한 때문이기도 하다고 설명한다.

제2부에서는 '자본에 대한 올바른 해석'이라는 제목하에서 과연 자본이 무엇인지를 세 명의 저자가 각각의 방법으로 설명한다.

최승노는 '우리 모두는 자본가'라는 제목으로 노동도 자본의 부류에 들어간다는 사실을 강조한다. 마르크스는 자본과 노동을 적대관계로 생각했는데, 이것이 바로 마르크스 사상의 맹점이다. 그 이유는 자본이 늘어날수록 더 많은 분야에 일자리가 늘어나기 때문에, 투자를 가능하게 하는 자본이 일자리 창출의 핵심 요소라는 점에서 자본과 노동은 서로 적대관계가 아니라 친구이며 동지다.

오늘날과 같은 지식자본주의 시대에서는 앞에서 언급한 바와 같이 노동도 인적자본이라고 부르기 때문에, 지식 노동을 제공하는 행위도 자본이라고 부른다. 따라서 현대의 노동자들은 자신이 자본가임을 인정하고 자신의 자본을 어떻게 늘릴 것인가 고민해야 한다. 많은 사람이 빈익빈 부익부가 자본주의의 폐해라고 생각하지만, 사실 자본주의가 발전하기 이전에는 이러한 현상이 더 심각했고 오히려 자본주의 사회에서는 빈익빈 부익부 현상이 확연히 줄어들었다. 공산주의 사회는 과거 왕조 사회처럼 계급에 따른 분배와 통제가 이루어지기 때문에 사회 활력이 거의 없는 반면, 자본주의 사회는 노동자도 자신의 능력을 최대한 발휘하면 보상받을 수 있는 사회이므로 더 활력이 있다.

또한 자본의 세대 간 이전을 미래 자본주의의 가장 위협적인 요소로 파악한 피케티와 달리 저자는 상속을 아름다운 사회적 행위라고 주장한다. 자본주의 체제에서의 증여와 상속은 자본을 쌓는 일이기 때문이다. 이를 통해 사회간접자본처럼 민간의 사회간접자본으로 자본이 쌓인다는 사실을 강조한다. 따라서 자본을 쌓는 상속이야말로 총자본량을 늘리는 지름길이라는 것이다. 자본이 늘어나야 노동의 범위가 확대되어 더 많은 일자리 창출도 가능하다는 점에서 상속은 사회적으로 기여하는 일이다. 또한 자본이 있어야 사람도 가치가 있다. 가난한 나라에서 노동자들의 급여 수준이 낮은 이유는 자본이 축적되지 않아 노동자의 생산성이 낮기 때문이다. 자본이 축적되고 산업화에 성공한 사회에서는 자본을 활용한 대규모 투자가 가능해진다. 또 높은 생산성에 따라 고소득의 일자리를 창출하고 소비자의 만족을 높인다고 설명한다.

박종운은 '기업가는 누구 돈으로 시장에서 봉사하는가?'에서 마르크스는 자본을 라틴어의 가축 머릿수로 설명하면서 가축이 새끼를 낳듯이 자본도 자동으로 새끼를 친다고 생각했으나, 이러한 자본의 자동증식은 실제 현실과 맞지 않는다고 주장한다. 왜냐하면 망하는 기업가도 있기 때문이다. 저자는 자본이라는 단어의 유래를 로마 개선식의 종점인 카피톨리누스Capitolinus 언덕이라고 설명하면서, 여기에서 캐피털(capital: 수도)이나 캐피톨(capitol: 미국 국회의사당) 등의 단어가 나왔듯이 시장경제에서 가장 중요한 것을 일컬을 때도 캐피털(capital: 자본)이라는 단어가 사용됐다고 설명한다. 따라서 현대 시장경제에서 자본의 실체는 자원을 동원하는 힘이다. 또한 자본주의가 발전하는 과정에서 부분지불준비금 제도의 발달로 신용창조가 가능해지고, 주식회사의 발달도 타인자본을 더 적극적으로 활용하는 계기가 됐다고 주장한다.

박종운도 역시 기업가와 자본가를 구분한다. 기업가는 타인의 자본을 빌려서 시장에 봉사하는 사람인데, 기업가가 많아진 현대 자본주의 사회는 자본주의가 아니라 부채주의라고 볼 수 있다. 또한 자본가라는 단어가 애덤 스미스Adam Smith 이전에 이미 캉티용Richard Cantillon에 의해서 사용됐으나 애덤 스미스가 '고용주'라는 단어로 바꾸어 사용하고 마르크스가 다시 이를 '자본가'라는 용어로 바꾸어 사용함으로써 오늘날 자본가라는 단어가 널리 사용되기 시작했다. 또한 레옹 발라Léon Walras와 멩거Carl Menger 그리고 미제스가 자본가와 기업가를 어떻게 구별해서 사용했는지 설명한다.

피케티는 자본수익률 개념을 사용하여 자본가의 수입인 자본수익률이 일반인들의 평균수익률인 경제성장률보다 높기 때문에 "돈이 돈을 버는 속도가 사람이 돈을 버는 속도보다 빠르다"는 주장을 했는데, 저자는 이를 실패한 사업가에 눈을 감은 것이라고 지적한다. 피케티와 마르크스의 공통적 실수와 차이점 또한 설명하는데 그들의 공통적 실수는 시장경제에서의 부자란 시장에서 소비자들에게 헌신적으로 충성봉사를 한 노력이 인정받은 결과라는 점을 놓쳤다는 것이다. 그리고 피케티보다 마르크스가 차라리 훨씬 더 양심적이고 일관성이 있다고 설명한다.

마지막으로 김광동은 '자본의 본질과 노동-자본 대립의 정치적 성격'에서 자본에 대한 마르크스의 견해를 기초로 노동과 자본의 정치적 대립에 대해서 설명한다. 그는 자본의 성격을 원시공동체의 사례를 통해서 설명하면서, 자본이란 가치증진이나 생산성 확대에 투여되는 것이라고 정의한다. 또한 자본을 노동집적물이 화폐적으로 표현된 것으로 정의 내리고 자본과 노동의 대립은 자본과 노동의 대립이라기보다 자본 소유자와 노동 소유자 간의 대립이거나 고소득자와 저소득자의 갈등으로 나타난다고 지적한다. 이러한 대립과 갈등의 기본구조는 자신의 몫을 더 가져가려고 하기 때문인데, 그 경쟁이 사회를 더 발전시키기도 한다고 말한다. 한국 사회에서 사업을 할 경우 1년 내 59.8%가 폐업하고, 5년 뒤까지 살아남을 확률은 사업자의 30.9%밖에 되지 않는다. 게다가 비교적 성공한 기업도 상장 후에 상장 폐지되는 경우가 전체 상장기업의 40%에 이를 정도로 기업으로 성공하기 어렵다. 그런데 일반적으로 성공한 경우만 보기 때문에 노동과 자본 간의 몫 분배에서 갈등이 커진다. 또한 자본가가 맞이하는 가장 치열한 경쟁은 사실 노동과의 경쟁이 아니라, 다른 자본과의 경쟁이다. 갈등도 시장 내부에서 자본과 노동의 갈등이 아니라, 외부의 정치사회적 영역에서 나타나는 경우가 많다고 주장한다.

이렇게 여섯 편의 글은 서로 중복되는 부분도 있지만, 각 저자가 나름의 논리와 강조점을 가지고 자본이 무엇을 의미하는지, 오늘날 왜 자본에 대한 저항감이 널리 퍼졌는지 설명해나간다. 그리고 자유주의적인 관점에서 볼 때 자본가가 누리는 소득이 정당한 것이며, 오히려 사회에 큰 유익을 준다는 사실을 강조한다. 이 책을 충실히 읽으면 자본에 대한 그릇된 편견이 상당 부분 풀릴 것으로 생각한다.

이 책이 나오기까지 여섯 차례에 걸친 세미나에서 열띤 토론으로 서로의 논리를 보완해준 저자들의 노고에 감사를 드리며, 특히 이 세미나를 기획하고 사회를 진행해준 자유경제원의 현진권 원장과 정재청 연구원 등 자유경제원의 여러 연구원께 감사를 드린다.

2016년 1월

김승욱

Libertarian Views On Capital

차례

| 제2부 | 자본에 대한 올바른 해석

제1부

자본에 대한 오해와 편견

제1장

자본의 미스터리: 자본은 역사적으로 어떻게 변화되는가?

김승욱
중앙대학교 경제학부 교수

자본에 대한 통념

일반적으로 마르크스주의 경제학자들은 자본의 소유자들을 노동하지 않는 기생계급이라고 이해한다. 고대 노예제 사회 자유민들이 노예에게 일을 시키고 유한계급으로 생산에 종사하지 않았던 것처럼, 중세 농노제 사회의 토지귀족들도 역시 기생계급으로 인식했다. 마찬가지로 자본제 사회에서 자본가계급도 역시 노동자들의 잉여노동을 착취하는 계급으로 간주했다.

그러나 노벨 경제학상 수상자인 더글러스 노스Douglass North는 봉건제하의 영주 계층을 치안과 국방이라는 공공재를 제공하는 존재로 보았다. 중세 사회 영주-농노 관계의 성격을 착취-피착취 관계가 아닌 계약에 의한 사회체제로 인식했다. 마찬가지로 자본주의 사회에서 자본가계급과 노동자계급도 서로 역할이 다른 것이다. 사실 자본주의 초기 귀족들 가운데 젠트리 계층은 농장 경영자였다. 오늘날 부동산 주인도 놀고먹으면서 임대료만 챙긴다고 오해하는 사람이 많지만, 사실 건물과 그 건물의 관리라는 서비스를 제공하며, 자본이 가장 필요로 하는 곳으로 자본이 흐르게 하는 역할을 하고 있다. 그리고 주식이나 채권 등에 투자하는 사람들도 같은 역할을 하고 있으며, 게다가 대부분의 자본가들은 기업가의 역할까지 수행하고 있다.

서양에서 중세까지는 노동을 가치 있는 일로 여기지 않았다. 고대 철학자들도 그러했고, 중세 기독교에서도 『성경』 창세기에 아담과 하와가 선악과를 먹은 벌로 "얼굴에 땀을 흘려야 먹을 것을 먹으리니(창세기 3:19)"라고 했기 때문에 노동은 타락으로 인류에 들어온 저주라고 생각했다. 그런데 종교개혁 이후 노동을 선한 것으로 인식하면서 근면과 절약을 미덕으로 여기게 된 청교도 이후에는 부의 축적이 시작됐다. 자본주의는 이러한 부를 재생산에 투자하는 것을 선하게 인식했고 이로써 자본을 축적한 자본가계급이 발생했다. 이 자본가계급은 육체노동 대신 생산에서 다른 역할을 감수했다. 그런데 노동가치론의 등장으로 자본의 역할과 노동의 역할이 분리되면서 자본가계급은 고대 노예제 사회나 중세 봉건제 사회와 같이 착취계급이라는 인식이 마르크스에 의해서 확산됐다.

따라서 자본에 대한 가장 큰 편견은 자본가가 아무 역할도 하지 않으면서 노동자의 몫을 착취한다는 것이다. 특히 세계화로 자본의 이동이 활발해지면서 자본의 착취가 범세계적으로 일어난다고 봐 세계화에 대한 반발이 더욱 커지고 있다. 사실 오늘날 일어나는 이념 갈등의 대부분은 여기에서 발생한다. 과거에는 자본주의냐 사회주의냐의 논쟁이었는데 공산주의 진영이 붕괴된 이후, 세계는 세계화 대 반세계화 진영으로 나뉘었다고 보아도 과언이 아니다. 반세계화 진영에는 민족주의자, 환경주의자, 평등주의자 등이 포진해 있다.

이러한 통념을 깨기 위해서 어디에서부터 출발해야 할까? 먼저 노스가 지적한 바와 같이 생산요소의 상대적 희소성에 따라 해당 요소 소유자가 가져가는 몫이 변화된다는 사실을 살펴보자.

자본부족 시대 자본의 역할

마르크스 시대는 자본부족 시대였다. 어느 시대에나 부족한 생산요소의 가격은 오르게 되고 그래서 그 요소 소유자가 몫을 더 많이 가져간다. 즉 노동이 부족하면 임금이 오르게 되고 노동이 풍부하면 임금이 떨어진다. 오늘날 중국이나 인도 등 인구과잉국의 인건비가 싸고 노동력이 부족한 미국 등 선진국에서 인건비가 비싼 이유가 바로 이것 때문이라는 것은 삼척동자도 다 아는 사실이다. 마찬가지로 자본이 귀하던 시절에는 이자율이 높았다. 우리나라도 개발 초기에 돈을 구하기가 어려웠다.

노스는 역사적으로도 생산요소의 상대가격 변화에 따라 제도가 변해왔다고 주장했다. 로마의 전성시대에는 로마의 군사력에 의해서 치안과 국방이라는 공공재가 원활하게 공급됐는데, 5세기에 이르러 게르만족의 이동과 로마 경제력의 약화로 치안유지가 어려워졌다. 이에 농민들은 자신의 농토를 영주들에게 투탁(投托)하고 영주의 보호 아래 들어가면서 봉건제가 발생했다.

점차 유럽이 안정을 되찾으면서 10세기경에 이르자 인구는 서로마 제국 멸망 전인 5세기 수준으로 회복됐다. 이 시기에는 대부분의 황무지가 개간되어 유휴遊休 토지가 사라지면서 토지가 귀해졌다. 이번에는 농노에 비해서 영주의 교섭력이 더 커졌다. 그리하여 마르크스가 언급했던 농노에 대한 영주의 지배가 강화됐다. 그러나 11세기부터 200년간 십자군 전쟁이 계속되고 14세기에 흑사병이 널리 창궐하면서 유럽의 인구는 다시 크게 감소한다. 이때 농노의 교섭력이 다시 커지면서 중세 유럽의 장원은 붕괴됐고 근대 자영농이 등장했다. 이렇게 장기적으로 역사적인 관점에서 보면 토지와 노동이라는 생산요소의 상대적 중요성에 따라서 제도도 변화한다는 것을 알 수 있다.

풍부한 생산요소의 소유자에 비해 상대적으로 희소한 생산요소의 소유자는 더 많은 생산의 과실을 누린다. 이를 마르크스는 착취라고 명명했고 주류 경제학에서는 당연한 것으로 인식한다. 오늘날에도 필리핀 여성들은 홍콩에서 가정부로 일하면서 우리나라 화폐가치로 60만 원에 불과한 임금을 받는다. 이것을 홍콩 주민이 필리핀 여성을 착취한다고 볼 수도 있지만, 필리핀 여성은 자국에서 그만한 소득을 올릴 수 없으므로 계속해서 홍콩에 자발적으로 간다. 한국에 들어온 외국인 근로자들도 마찬가지다.

산업혁명기에는 자본이 부족했기 때문에 상대적으로 자본가에게 돌아가는 몫이 컸다. 그렇다고 강제노동을 동원한 것은 아니었다. 지금의 기준으로 보면 노동자들이 낮은 임금 수준과 장시간 노동에 시달린 것은 사실이다. 그러나 노동자들은 당시 주기적인 흉년으로 기근과 싸워야 했던 농촌의 상황과 도시를 비교하고 자발적으로 도시로 몰려들었다.

16세기 이후 중상주의 시절을 겪으면서 신대륙에서 흘러 들어온 귀금속은 상품경제를 급속히 확산시켰다. 그리고 동아시아와의 향신료 무역, 삼각무역, 사탕수수 재배에서 얻은 이윤 등으로 서서히 자본이 축적됐고 부유해진 유럽 열강에서는 소비수요가 크게 확산됐다. 이로 인해 산업혁명기에 축적된 자본과 기술혁신으로 생산이 비약적으로 발전되면서 자본수요가 크게 늘어났다. 당시 네덜란드의 암스테르담 은행 등을 중심으로 은행제도가 발전되고는 있었지만, 아직 은행에서 대출 등의 기법이 확산되지 않았고, 주식시장도 오늘날처럼 널리 보급되지 않은 상황이었다. 이 때문에 자기자본에 기초한 공장과 회사의 설립이 불가피했다. 이 시대에는 자본 공급이 수요에 비해서 턱없이 부족했고 따라서 자본가는 더 많은 이익을 누릴 수 있었다. 마르크스는 이를 착취라고 간주한 것이다.

자본과잉 시대

월가와 같은 자본의 공급처가 활성화되고 자본의 공급이 크게 늘어나면서 이제는 상황이 바뀌었다. 자본이 남아도는 자본과잉 시대를 맞이하게 된 것이다. 일본은 이미 오래전에 실질금리가 마이너스로 돌아섰다. 미국과 유럽도 그 길을 가고 있다. 오늘날 한국 또한 실질금리가 마이너스 수준이다. 명목금리에서 소비자물가 상승률을 뺀 실질 기준으로 계산할 경우, 2011년에는 마이너스(-0.31%)였다. 2012년에는 플러스(1.23%)로 돌아섰으며 2013년에는 조금 더 높아졌으나(1.40%) 여전히 낮은 수준이다. 한국은행 등 당국이 사용하는 기대인플레이션율로 계산하면 예금자가 체감하는 실질금리는 더 낮다. 즉 실질금리를 명목금리에서

(단위: %)

항목 \ 연도	2002	2003	2004	2005	2006	2007	2008	2009	2010	2011
명목금리	5.22	4.48	4.07	3.99	4.85	5.25	6.22	4.20	4.19	4.30
물가상승률	2.8	3.5	3.6	2.8	2.2	2.5	4.7	2.8	3.0	4.0
실질금리	2.42	0.98	0.47	1.19	2.65	2.75	1.52	1.40	1.19	0.30

도표 1. 명목금리와 물가상승률(2002~2011년)
출처: 한국은행

기대인플레이션율을 제외하는 방식으로 계산할 경우[1], 한국의 실질 정기예금 금리는 2013년에 -0.29%였고 2014년에는 -0.37%로 마이너스 폭이 더 확대됐다. 바로 이 마이너스 실질금리가 오늘날이 자본과잉 시대라는 것을 말해준다.

지금과 같은 자본과잉 시대에는 아이디어만 있으면 자본을 쉽게 구할 수 있다. 좋은 아이디어를 찾는 벤처 투자자는 도처에 있다. 오히려 그들에게 투자할 마음이 생기게 하는 아이디어가 부족한 시대다. 마르크스는 이윤율이 하락하면 노동자들을 더욱 착취할 거라고 했지만, 기업가정신과 아이디어가 더 큰 이익을 누릴 수 있는 시대가 됐다. 그런데도 오늘날 일자리가 부족한 이유는 뛰어난 기업가정신이 부족한데다가 일자리를 해외로 빼앗겼기 때문이다. 돈을 은행에 넣어두면 자동으로 수익이 발생하는 시절은 끝났다. 그 자본을 활용해서 수익을 창출하는 아이디어나 경영 능력을 가진 기업가가 매우 중요한 시대가 됐다.

1 이 방식은 명목금리가 실질금리와 기대인플레이션율로 이뤄진다는 미국 경제학자 어빙 피셔(Irving Fisher)의 이론에 기초한 것이다.

발명가, 자본가, 기업가

마르크스는 자본과 임노동의 분리를 자본주의의 특징으로 설명했지만, 사실 자본가와 기업가의 구분 역시 중요하다. 산업혁명 초기에는 자본가와 기술자, 발명가, 기업가의 구분이 희미했다.

산업혁명보다 훨씬 이전 시대에 구텐베르크Johannes Gutenberg는 금속활자를 발명하여 최초의 『라틴어 성경』을 인쇄했을 뿐만 아니라, 1450년에 인쇄소를 설립한 인쇄소 주인이기도 했다. 그는 『불가타 성경』을 대량 인쇄하여 『성경』을 대중화시켰다. 이뿐만 아니라 그리스와 로마의 고전작품들도 인쇄하면서 대중에 널리 퍼트렸고 바로 이것이 르네상스의 기초를 제공했다. 신문의 탄생 뒤에도 구텐베르크가 있었다[2].

영국에서 시작된 산업혁명은 소비재 산업인 면방직공업에서 먼저 발생했는데 이것이 산업혁명의 도화선이 됐다. 리처드 아크라이트Richard Arkwright는 수력을 이용한 방적기를 발명했다. 우리는 그를 단순한 발명가로 기억하지만 사실 그는 기업인이었다. 이발사였던 아크라이트는 1769년에 특허를 얻어 두 친구 제데디

2 그러나 구텐베르크는 6년 후에 인쇄소 사업에서 손을 뗐다.

아 스트럿Jedediah Strutt, 새뮤얼 니드Samuel Need와 함께 니드 스트럿 앤드 아크라이트 상회를 창립했고, 1771년부터는 수력을 동력으로 한 큰 방적공장을 각지에 세웠다. 제임스 하그리브스James Hargreaves가 발명한 다축방적기를 개량하고 제임스 와트James Watt의 증기기관을 연결하여 특허도 얻었다. 1775년에는 두 번째 특허를 얻었고 1786년에는 조지 3세George III로부터 기사작위Sir를 하사받을 정도로 탁월한 경영자였다.[3] 증기기관의 발명가 제임스 와트도 단순한 발명가가 아니라 당시 영국에서 제일 부자였던 볼턴Matthew Boulton과 함께 볼턴 앤드 와트 상회를 창업한 사업가였다.

증기기관차와 철도 운송시스템의 원형을 만들고 표준궤Stephenson gauge를 제시하여 철도의 아버지라고 불린 조지 스티븐슨George Stephenson도 발명가로 알려졌지만 그 역시 뛰어난 사업가였다. 최초의 증기기관차를 발명한 사람은 사실 스티븐슨보다 10년 앞서 증기기관차를 발명한 리처드 트레비식Richard Trevithick이었다. 그러나 스티븐슨이 발명한 기관차의 성능이 훨씬 우수하다고 인정되어 트레비식이 아닌 스티븐슨이 '철도의 아버지'라고 불리게 된 것

3 위키백과, 리처드 아크라이트.

이다. 특히 스티븐슨이 만든 로켓Rocket 호는 최고 속도 48km/h에 13톤의 화물을 끄는 등 성능이 월등하다고 인정되어 리버풀-맨체스터 철도의 기관차로 채택되기도 했다. 1830년 9월 15일 개통식을 가지고 로켓호를 이용해 승객과 화물 수송이 시작되면서 세계 최초로 근대적인 철도의 운행이 시작됐다. 이후로도 그는 영국 곳곳에 철도를 부설하고 운영했다. 이렇듯 스티븐슨은 단순한 발명가가 아니라 철도 건설자이자 운영자였다.

발명왕 에디슨Thomas A. Edison 도 모건J. P. Morgan 에게 투자를 요구하여 에디슨종합전기회사를 만든 기업인이었다. 오늘날의 제너럴 일렉트릭General Electric 도 모건이 직류방식에 집착하는 에디슨과 결별하고 에디슨종합전기회사의 대주주가 된 후 1892년에 톰슨-휴스턴전기회사와 합병하면서 탄생한 것이다.

이렇게 산업혁명기에는 발명가와 자본가, 그리고 기업가가 분리되지 않았으나 애덤 스미스가 고용주employer 라는 단어를 사용함으로써 기업가의 측면보다 고용자의 측면이 더 부각됐고 마르크스에 의해서 자본가라는 측면이 더욱 강조됐다. 후에 제번스William Stanley Jevons, 미제스, 슘페터 등에 의해서 기업가의 측면이 강조됐다.

자본의 개념: 자본이란 무엇인가?

경제학에서는 생산요소를 언급할 때 토지, 노동, 자본을 생산의 3요소라고 하면서 자본을 토지와 구분한다. 토지의 보상을 지대라 하고 자본에 대한 보상을 이자라 한다. 그리고 기업의 경영을 별도의 생산요소로 구분하기도 하고 경영에 대한 대가를 이윤이라고 구분한다. 앞에서 언급한 바와 같이 자본가와 기업가를 구분하지 않을 경우 이자와 이윤을 구분하지 않는 경향이 있다. 심지어 『21세기 자본』의 저자 피케티는 자본의 범주에 토지도 포함시켰다.

도표 2에서 보는 바와 같이 피케티는 자본을 '농경지' '주택' '기타 국내자본' '순 해외자본'으로 구분했다. '주택'은 도시 지역의 주택, 건물과 그 토지를 포함한 개념이다. '기타 국내자본'은 기업과 정부기관의 자본(사업용 건물들과 그에 연관된 토지, 사회기반시설, 기계류, 컴퓨터, 특허 등)을 포함한다. 순 해외자본은 자국민이 소유한 해외자산에서 외국인이 국내에 소유한 자산(국채 포함)을 제외한 금액이다. 내국민이 보유한 국채는 자산이지만, 동시에 정부의 부채이므로 두 가지를 합치면 상쇄되기 때문에 내국민이 보유한 국

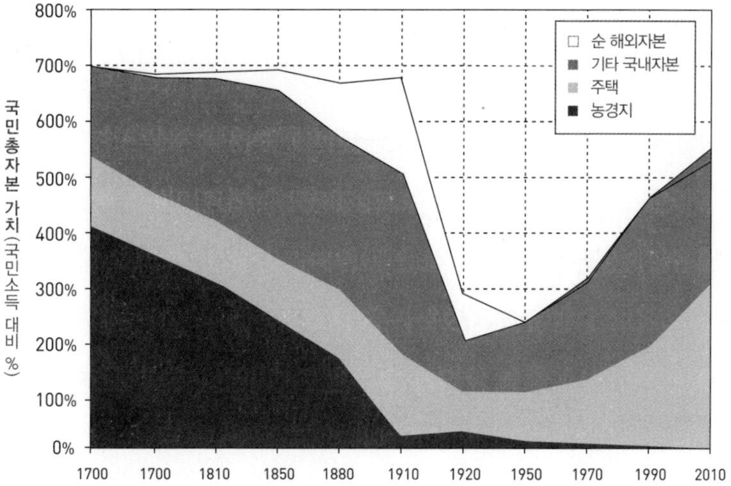

도표 2. 영국의 자본,1700~2010

출처: 토마 피케티, 『21세기 자본』, 장경덕 외 옮김, 글항아리, 2015, 143쪽, 도표 3.1

채는 자산에서 제외된다.[4]

또한 1700년경에 영국의 '농경지'는 국민소득의 4배 정도를 차지했고 주택의 가치는 국민소득과 비슷했다. 그런데 산업혁명을 거치면서 농경지의 가치는 급격히 줄어들어 21세기에 들어서는 국민소득의 10%에도 미치지 못해 전체 국부의 2%도 안 된다

4 토마 피케티, 『21세기 자본』, 장경덕 외 옮김, 글항아리, 2014, 145쪽.

는 것을 알 수 있다. 반면에 오늘날 '주택'의 가치는 국민소득의 3배 이상이다. 기업 등 '기타 국내자본'은 산업혁명이 진행되던 시기에 1.5배 정도였는데, 오늘날에는 약 3배에 조금 미치지 못하는 수준으로 확대됐다. '순 해외자본'의 규모도 영국의 경우 제1차 세계대전 직전까지 국민소득의 2배에 가까운 해외자산을 보유했으나, 제2차 세계대전 이후 해외자산의 비중이 거의 없어져 현재는 오히려 마이너스 수준이다. 즉 지난 300년간 영국의 자산 구조를 보면 해외자산의 비중은 크지 않으며, 농경지 자산의 비중이 줄어들고 도시 부동산과 영업자본working capital으로 대체되는 변화가 일어났다는 것을 알 수 있다.[5]

도표 3은 미국의 자본 추이를 나타낸다. 미국은 광활한 '농경지'를 가졌음에도 1770년경 농경지의 비중이 국민소득의 약 1.5배 규모였으나, 21세기에는 영국과 마찬가지로 국민소득의 약 10% 규모에 불과하다. 기업과 정부가 보유하는 '기타 국내자본'의 규모는 2010년에 이르면 국민소득의 2배가 넘을 정도로 큰 비중을 차지하고 있어, 제조업 국가의 면모를 보인다.

---

5 같은 책, 145~149쪽.

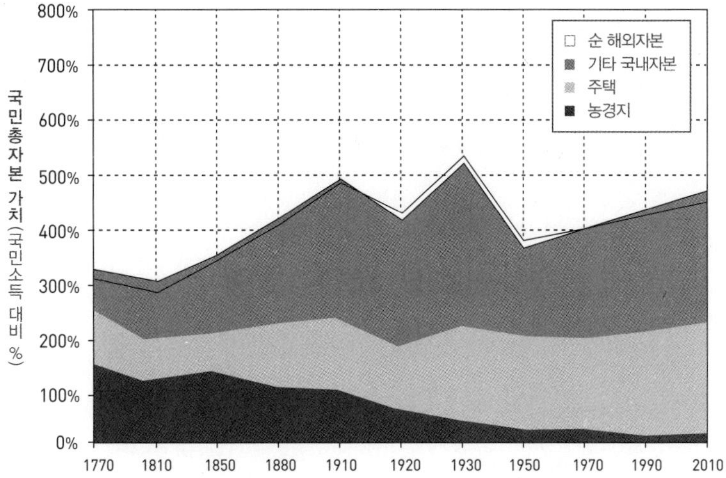

도표 3. 미국의 자본,1770~2010

출처: 토마 피케티, 『21세기 자본』, 장경덕 외 옮김, 글항아리, 2015, 183쪽, 도표 4.6

축적된 자본은 연간 국내총생산GDP에서 소비되고 남은 저축이 자본으로 전환되는 것이다. 이는 마치 호수에 비유할 수 있다. 상류에서 호수로 흘러 들어오는 강물은 매년 생산되는 GDP다. 호수에서 하류로 흘러 나가는 물은 소비에 해당한다. 매년 상류로 유입되는 물에서 하류로 흘러 나가는 물과 호수 표면에서 증발하는 물을 제외하고 남은 물이 호수에 쌓이는 것이다. 증발하는 물은 자본의 감가상각에 비유할 수 있다. 즉 국민경제에 축적되는 총자본은 매년 국민총생산에서 소비를 뺀 금액이 쌓이고 여기에 자본의 감가상각을 제외하고 남은 것이다. 이는 부동산과 산업, 그리고 금융자산으로 구성된다. 피케티는 이 자산에 평균수익률을 곱한 것을 자본가가 얻는 소득으로 간주했다.

그런데 오늘날과 같은 자본과잉 시대에는 실질금리가 매우 낮기 때문에 자본에서 저절로 수익이 발생하지 않는다. 여기서 수익은 자본소득에서 발생하는 이자와 기업활동의 이윤이 합쳐진 것이다. 그런데 실질이자율이 거의 제로에 가까운 상태에서는 기업활동의 이윤이 매우 중요하다. 이는 기업가의 활동에서 창출되는 것이지, 자본을 보유한다고 저절로 발생하는 것이 아니다. 따라서 자본가의 수익은 마르크스가 이해한 바와 같이 노동의 착취가 아니라 기업활동의 결과로 봐야 한다.

자본의 미스터리

여기에서 알 수 있는 것은 피케티의 정의대로 자본에 토지나 주거용 주택까지 포함할 경우 자본의 절반 정도가 주택과 부동산으로 구성된다는 사실이다. 일반적으로 개발도상국들은 산업화를 추진할 자본이 부족해 선진국으로부터 자본을 도입한다. 그런데 아무리 가난한 나라라고 해도 토지는 존재한다. 그것으로 유동자산을 만들어서 경제에 순환시키면 되는데, 왜 자본이 부족하다고 하는가? 왜 어떤 사회는 산업사회로 가고 어떤 사회는 못 가는가?

'타임'이 20세기를 대표하는 남미 최고의 경제학자로 선정한 페루의 경제학자 에르난도 데 소토Hernando De Soto는 『자본의 미스터리: 왜 자본주의는 서구에서만 성공했는가』에서 자본의 형성과정에 관해 이야기한다. 그는 많은 저개발 국가가 자본주의의 혜택을 누리지 못하는 원인으로 자본 부족을 꼽는데, 그 이유를 축적된 자산에서 자본으로 전환할 수 있는 재산권 제도가 확립되지 못했기 때문이라고 판단했다. 약 100여 명으로 구성된 소토 연구팀은 필리핀, 이집트, 아이티, 페루와 같이 자본주의를 채택했지만, 여전히 가난에서 벗어나지 못하고 있는 4개국에서 5년간의 연구 끝에 이 책을 저술했다.

소토 연구팀은 이 4개국에서 가난한 사람들이 보유한 자산 규모가 어느 정도이며, 왜 그 자산이 자본으로 전환되지 않는지 조사했다. 이들이 연구 결과에 기초해 추정한 바에 의하면 제3세계와 과거 사회주의 국가들에서 가난한 사람들이 보유하고 있지만 합법적인 소유권이 인정되지 않은 부동산의 총가치는 최소 9조 3천억 달러에 달한다는 계산 결과를 얻었다. 이 금액은 미국에서 유통되는 모든 화폐의 액면가를 합한 액수의 약 2배이며, 세계 20대 선진국들의 주요 증권거래소에 등록된 모든 회사의 자산을 합한 총액과 맞먹고, 1989년 이후 10년 동안 제3세계와 과거 사회주의 국가들에 유입된 직접적인 해외투자 총액의 20배를 훨씬 웃도는 막대한 금액이다. 그리고 이는 지난 30년 동안 세계은행이 대출한 모든 대출금의 46배에 달하며, 그동안 모든 선진국이 제3세계 개발을 위해 원조한 총액의 93배에 이르는 엄청난 규모다.

개발도상국들은 왜 이렇게 많은 자산이 있음에도 자본으로 전환할 수 없는가? 소토 연구팀은 그 이유를 자산이 불완전한 형태로 존재하기 때문이라고 결론 내렸다. 쉽게 말하면 이들이 보유한 집, 가게, 회사의 80%가 불법 자산이었기 때문이라는 것이다. 즉 자본이 불완전한 형태로 존재하는 이유는 자산을 자본으로 전환시키는 명시화 과정이 없기 때문이며 소토 연구팀은 이것을 일컬어 '자본의 미스터리'라고 했다.[6]

부정부패 때문에 경제성장이 안 된다면 경제성장의 실패는 제도의 실패 때문이다. 필리핀의 경우 개인 소유의 집을 지으려면 168단계의 절차가 필요했으며, 공공기관을 53군데 거쳐야 했다. 이집트의 경우 농지에 지은 주택을 등록할 때 뇌물을 주지 않으면, 6~11년이 소요됐다. 그래서 이집트 국민 중 470만 명이 불법 주택에 거주하는 것이다. 페루의 라마에서는 집을 한 채 구매하는 데 728가지 절차가 필요하다고 한다.[7] 즉 자산은 많이 있지만, 이것을 자본화하여 사용할 수 있도록 하는 자본의 명시화 과정이 중요하다.

그리고 자본을 생산에 활용하는 능력은 자본이 많다고 저절로 생기는 것이 아니다. 수요를 발견하고 거기에 부응하는 것을 생산하는 기업가적 능력이 더 중요하다. 이윤 기회를 발견하지 못하면 자본도 활용하지 못한다. 본원적 화폐에서 은행의 신용창조 과정을 거쳐 통화량이 창조되듯이, 부동산이 자본으로 변화돼 유동자본을 창출하고 이것이 생산설비를 만들어내는 것이다.

---

6 에르난도 데 소토, 『자본의 미스터리』, 윤영호 옮김, 세종서적, 2003, 15쪽.
7 윌리엄 번스타인, 『부의 탄생』, 김현구 옮김, 시아출판사, 2005, 408쪽.

부정부패를 줄여서 자본의 명시화 과정을 만들어내는 것은 정부의 역할이고, 그 자본을 활용하여 수익을 창출해내는 것이 바로 기업가의 역할이다.

결론

앞서 살펴본 바와 같이 자본의 개념은 산업혁명 후에 크게 변화됐다. 자본의 구성도 변화됐고 자본이 희소한 사회에서 자본이 남아도는 사회로 변화됐다. 그런데도 자본이 부족한 이유는 단지 자본의 양에 달린 것이 아니라, 자본을 창출하는 데 필요한 여러 가지 제도적 여건에 달렸다. 그리고 자본의 양이 중요한 것이 아니라 자본을 사용하는 기업가의 존재가 더 중요한 시대가 됐다.

제조업의 쇠퇴와 지식산업의 발전에 따라 자본의 개념도 변화하고 있다. 산업혁명에서 가장 대표적인 생산재는 철강이었다. 기계공업이 발전하고 철도, 기선이 등장하고 자동차와 가전제품 등 대부분 대량의 철을 필요로 하는 제조업이 확산되면서 철강은 제조업의 상징이나 다름없었다. 그런데 20세기 후반 핫코일의 시장 가격이 톤당 460달러에서 260달러로 하락했다. 지금은 무게 대비 생수 값보다 싼 경우도 있다. 제조업 종사자가 전체 노동력에서 차지하는 비율과 제조업이 GDP에서 차지하는 비율도 1960~1999년 기간에 절반으로 줄어들어 15%에 불과하게 됐다. 제조업의 생산량이 이 기간에 2~3배로 증가했음에도 나타난 현상이다.[8] 1920년대에 농업의 비중이 현저히 줄어들었듯이 제조업에서도 마찬가지 현상이 나타나고 있다.

반면에 서비스 산업의 비중은 크게 늘어났다. 특히 서비스 산업 가운데 고부가가치를 생산하는 지식산업의 비중은 괄목할 만한 성장을 이루었다. 이에 종사하는 지식근로자들도 지식자본가로 변화하면서 생산수단에서 지식이 차지하는 비중이 크게 증가하고 있다. 지식자본을 보유한 지식근로자들은 화폐자본의 공급자들과 마찬가지로 많은 자본을 공급하며, 서로 의존한다.[9]

이렇게 자본의 개념이 크게 변화하고 있음에도 우리 사회에는 아직도 자본가계급과 노동자계급으로 사회를 구분하고 이들 간의 갈등으로 사회를 파악하는 마르크스주의의 영향이 사회 도처

8 피터 드러커, 『Next Society』, 이재규 옮김, 한국경제신문, 2007, 56쪽.
9 같은 책, 68쪽.

에 자리 잡고 있다. 시대의 변화에 맞는 자본에 대한 인식의 전환이 필요하다.

제2장

'자본'에 대한 편견은 어디에서 왔는가

신중섭
강원대학교 윤리교육과 교수

'자본'과 '자본주의'에 대한 부정적 편견

경제학 교과서에서 자본은 간단하게 정의된다. "기업은 자본과 노동을 이용하여 재화나 서비스를 생산한다. 여기서 자본이란 재화나 서비스 생산에 사용되는 물리적 자원을 의미하며, 기계·공장건물·각종 장비나 자재 등을 예로 들 수 있다. 기업은 이러한 자본을 구매하거나 임대하기 위해 자금을 필요로 한다."[10] 경제학 교과서적 의미의 '자본'에는 어떤 부당한 통념이나 편견이 존재

10 안재욱·김영용·김우택·송원근 공저, 『새 경제학원론』, 교보문고, 2012, 238쪽.

하지 않는다.

그러나 '자본'에는 이러한 의미만 들어 있는 것은 아니다. '자본'에는 다른 의미도 들어 있다. 일반적으로 자본이라고 하면 부정적인 것들을 연상한다. 자본이 이렇게 부정적인 의미를 함축하게 된 배경에는 '자본주의'라는 말과 깊은 관계가 있다. 오늘날 경제체제의 하나로서 자본주의는 중립적인 개념으로 "자본을 국가가 아니라 사적인 개인이 소유하는 체제"를 의미하지만, 19세기 말에 자본주의는 사회주의자들과 마르크스주의자들이 그 당시 경제생활의 가장 어두운 측면인 착취, 불평등, 억압을 언급하기 위해 만들어낸 비판적 조어였다.

인류 역사에 항상 존재해온 착취, 불평등, 억압을 자본주의의 동의어로 사용하기 시작한 것이다. 자본주의를 이렇게 부정적으로 사용하는 사람들은 자본주의가 잘 발전한 사회에서 착취, 불평등, 억압이 최소화됐다는 역사적 사실에는 눈을 감고 있다. 오늘날 우리 사회에서 자본주의를 비판하는 사람들도 알게 모르게 19세기 사회주의자들과 마르크스주의자들이 만들어낸 '자본' 또는 '자본주의'에 대한 편견에서 벗어나지 못하고 있다.

자본과 자본주의에 대한 이러한 편견은 '자본'과 '자본주의'를 돈과 이익을 최우선적으로 생각하는 경제모델로 규정하고 그것을 부정적인 이미지와 결합시켰다. 뿐만 아니라 '자본'이라는 말은 "들어가지 말아야 할 영역에까지 자본이 들어갈 경우, 얼마나 많은 기이한 일들이 자연스럽게 일어나는지를 보여준다" "'지방이 근육을 파고들듯이' 자본의 논리가 대학 전체에 스며든다. 정부는 자본을 전혀 감시하지 않는다"[11] 에서 볼 수 있듯 비유할 때 사용되기도 한다. 이 같은 비유에 쓰이는 '자본'에도 부정적인 의미가 들어 있다.

자본에 대한 편견의 연원으로서 마르크스주의

서구에서 자본주의에 대한 부정적인 인식은 마르크스에서 시작됐지만 북한과 우리나라에서 그것이 증폭됐다.

우리 사회에서 '자본' '자본주의'는 모든 악의 근원으로 여겨지기도 한다. 오늘날의 모든 문제가 '자본의 논리'에서 생겼다고

---

11 「대학평가가 초래한 내부공동체 붕괴 … '학문적 시너지' 존재할 수 있을까?」, 『교수신문』, 2015년 5월 4일 자.

믿는 것이다. '자본'은 착취, 약탈, 소외, 빈익빈 부익부, 양극화, 비인간화, 불평등, 억압, 횡포, 갑질, 무한 경쟁과 같은 부정적인 이미지와 결합됐다.

북한의 문헌에 나타나는 자본에 대한 반감은 저주에 가깝다. 북한 문헌에서는 자본가계급을 "생산수단에 대한 사적 소유에 기초하여 임금노동자들을 착취하는 자본주의 사회의 지배계급"이라고 정의하면서, "자본주의 사회에서는 몇 놈의 자본가들이 생산수단을 가지고 생산물도 독차지하기 때문에 노동자들은 생산에서 열성을 낼 수 없으며 다만 굶어 죽지 않기 위하여 자기의 노동력을 자본가들에게 팔 뿐입니다. 자본가들은 오직 돈과 채찍으로써 노동자들을 부려 먹습니다"라고 주장한다. 자본가들은 노동자들을 착취하여 잉여가치를 짜내려는 착취적 본성을 가졌으며, 이러한 착취적 본성은 그들이 존재하는 한 변하지 않는다는 것이다.

자본과 자본가들에 대한 북한의 이러한 정의는 마르크스의 사적 유물론에 기초한 것으로 '사적 유물론'의 언어를 조악하게 변형시킨 것이다. 우리 사회의 자본주의에 대한 편견은 마르크스주의와 그것을 극단적으로 재해석한 북한 문헌과 무관하지 않다. 특히 1980년대 민주화운동과 더불어 마르크스주의와 북한의 사회과학이 우리 사회에 아무 제약 없이 범람하면서 남한 사회에 대한 비판의 일환으로 자본에 대한 저주가 봇물 터지듯 쏟아져 들어왔다.

2000년대 민영화와 개방화가 세계화라는 이름으로 널리 퍼지면서 비판은 더욱 거칠고 거세졌다. 우리 사회에서 자본에 대한 비판은 '시장 논리'에 대한 비판에 초점이 맞춰졌고 '시장 논리'의 주창자로 '재벌'과 '가진 자'가 지목됐다. 그뿐만 아니라 우리 사회에 널리 확산된 '양극화'를 극복하기 위한 방책으로 제시된 경제민주화, 부자증세, 동반성장, 균형발전, 보편적 복지도 '자본 비판'에 근원을 두고 있다. 이러한 비판은 '자본 논리' '신자유주의' '세계화'에 대한 부정적인 인식을 확산하는 데 기여했다.

노동과 노동자의 권익 보호를 명분으로 파생한, 자본에 대한 편견

자본에 대한 관심과 편견은 자본 자체가 아니라 노동과 노동자들에 대한 분석에서 나온 측면이 없지 않다. 한국노동조합총연맹이 개최한 2015년 4월 16일 전국단위노조대표자대회를 겸한 노동시장 구조개악 저지 총력투쟁 출정식에서 김동만 위원장은 "노사정 협상 과정을 통해 해고는 쉽게 하고 임금은 줄이고 비정규직은 늘리려는 정부와 자본의 의도를 노동자와 온 국민이 알게 됐다"며 "더 이상 좌고우면 말고 100만 조합원의 단결과 1,800만 노동자의 연대로 정부에 맞서 싸우자"고 호소했다. 여기에서 자본은 노동자의 이익에 반하는 것으로 규정되어 있다.

노동과 노동자의 권익을 보호하려는 세력들은 노동자의 이익 자체가 아니라 민주·정의·평등·해방 등을 추구하는 것처럼 위장한다. 지금은 존재하지 않는 민주노동당은 자신의 강령에서 "세계화된 자본에 맞서는 전 세계 노동자계급, 착취당하는 민중, 억압당하는 민족과의 국제 연대에 앞장서 정의와 평화가 넘쳐흐르는 인류 공동체를 건설해간다" "민주노동당의 길은 민주와 평등과 해방의 길이다"라고 선언했었다. 이러한 선언은 노동과 노동자의 이익에 맞서는 '자본'이 '민주와 평등과 해방'의 길을 거역하는 것이라는 주장을 암시한다.

얼마 전 해산 판결을 받은 통합진보당도 "우리나라와 세계 진보운동의 이상과 역사적 성과를 비판적으로 계승하고 자본주의 폐해를 극복하며 자주·평등·평화·자유·복지·생태·인권·소수

자 권리·연대 등 다양한 진보적 가치를 구현하는 새로운 대안 사회를 지향하는 진보정당이다"라고 선언했었다.

통합진보당의 강령을 살펴보면 자본주의를 "자주·평등·평화·자유·복지·생태·인권·소수자 권리·연대"와 같은 긍정적인 가치와 대비시킴으로써 자본주의에 대해 부정적인 이미지를 각인시켰음을 알 수 있다. 이뿐만 아니라 '자본'이라는 말보다는 '독점자본'이라는 말을 사용하고 그것을 "제국주의 침략과 민족분단과 군사독재, 초국적 독점자본과 재벌의 횡포와 수탈, 사회적 불평등과 생태파괴, 성차별 등으로 얼룩져온 오욕의 역사를 바로잡고"에서와 같이 부정적인 개념 속에 자리 잡게 한다.

•

나아가 "통합진보당은 오늘날 신자유주의가 초래한 사회경제적 위기, 권위주의 정치가 빚어낸 민주주의 위기, 개방농정과 살농정책으로 인한 식량주권의 위기, 전 지구적 규모로 진행되고 있는 생태 위기, 강대국 패권주의가 불러일으키는 전쟁 위기를 극복할 것이다"라고 말하면서 "통합진보당은 일하는 사람이 주인 되는 자주적 민주정부를 세우고, 민중이 정치 경제 사회 문화 등 사회생활 전반의 진정한 주인이 되는 진보적인 민주주의 사회를 실현하겠다. 통합진보당은 한반도 비핵 평화 체제와 자주적 평화통일을 실현하고 인간 존중, 노동 존중의 새로운 사회를 건설할 것이다"라고 선언한 바 있다.

통합진보당의 강령 중 '민생 중심의 자주 자립 경제체제 실현을 위하여' 항목에는 "토빈세 도입 등을 통해 국제 투기 독점자본에 대한 규제를 강화하고, 불평등한 경제협정을 개정 폐지하며, 내수주도형 경제체제를 강화하여 수출주도형 경제체제의 폐해를 극복한다" "물 전력 가스 교육 통신 금융 등 국가 기간산업 및 사회 서비스의 민영화 추진을 중단하고, 국공유화 등 사회적 개입을 강화해 생산수단의 소유구조를 다원화하며 공공성을 강화한다. 또한 공공부문은 경영 민주화, 투명화를 통해 공공기관의 대국민 서비스를 강화한다" "재벌의 소유 경영의 독점 해소 등을 통해 독점재벌 중심 경제체제를 해체하고, 불공정 하도급거래 관행 근절, 대형 유통점 규제 등을 통해 중소기업 및 영세 자영업자를 보호 육성함으로써, 경제의 민주화를 실현하고 내수 중소기업 주도형 경제체제를 강화한다"와 같은 내용이 포함되어 있다.

뿐만 아니라 통합진보당은 반시장적인 경제체제 곧 "협동조합, 노동자 자주관리 기업, 사회적 기업 등 대안적 소유 지배구조를 갖춘 중소기업을 육성하여 풀뿌리 경제를 활성화하고, 중소기업 서민 전담 금융기관을 설립해 중소기업과 서민 등 경제적 약자에 대한 금융접근성을 확대한다"는 강령도 가졌으며 "국민연금 등 각종 노동자 연기금에 대한 노동자 민중의 참여를 강화하고, 기업 경영과 국가 경제정책 결정 과정에 노동자와 시민 참여를 보장해 자본 중심이 아닌 노동자 시민과 함께하는 경제를 실현한다"는 강령도 있다.

또 '연대와 참여를 통한 복지공동체 구현을 위하여' 항목에는 "출산, 보육, 교육, 의료, 주거, 노후, 장례 등 '요람에서 무덤까지' 생애주기별 공적 사회서비스를 확대해 모든 사회구성원들이 질 높은 삶을 누릴 수 있도록 보편적 복지사회를 실현한다" "모든 사회구성원은 누구나 최상의 건강을 평등하게 누릴 권리가 있다. 건강 불평등을 심화시키는 의료 민영화를 중단하고, 단계적으로 무상의료를 구현하며, 주치의제도 도입, 공공 의료기관 확충, 건강보험 보장성 강화를 통해 공공의료 체계와 보편적 의료보장 체계를 구축한다. 나아가 사회구성원들이 건강한 삶을 영위할 수 있도록 관련 제도, 문화, 기반구조 등을 개선한다"는 내용도 있다.

그리고 "토지 및 주택 공개념을 강화한다. 주택 공영제 및 사회주택 확대정책을 실시하고, 순환식 재개발을 추진하며, 세입자의 권리를 보장하고 저소득층에 대한 주거비 지원을 통해 주거 기본권을 보장한다"와 "보편적 복지 체제와 자산 불평등 해소 및 사회적 재분배 강화 등 사회 전반의 진보적 개편을 뒷받침할 수 있도록 조세정의를 실현하며 부자증세를 통한 조세재정혁명을 이룩한다"는 내용도 있다.

이제 통합진보당은 사라진 정당이 됐지만, 여전히 '진보적 가치'를 표방하는 정의당은 "일하는 모든 사람의 권리를 보호하고 확대하기 위해 폭넓은 연대를 주도할 것이다. 우리는 비정규직의 정당이다. 비정규직, 영세 자영업자, 청년 구직자와 같이 노동권의 사각지대에 있는 약자를 대표하는 데 우선적인 노력을 기울일 것이다"라고 선언한 바 있다.

정의당은 우리의 현실을 "승자 독식의 불행한 대한민국"으로 기술하면서 "대한민국은 지금 행복하지 않다. 양극화와 불평등은 점점 극심해지고 있다. 개발 독재의 특권과 특혜가 키워낸 거대 재벌은 독식 성장을 계속해왔다. 반면 노동자의 삶은 더욱 위태로워졌고 농민과 빈민은 희생됐으며 중소기업과 영세 자영업자는 설 자리를 잃어버렸다. 신자유주의 세계화는 민영화, 유연화, 감세와 규제 완화를 밀어붙여 양극화를 더욱 극심하게 만들었다.

재벌과 국제 금융자본은 초국적 블록을 형성해 경제는 물론 사회 전 영역을 지배하며 우리 사회를 승자 독식 사회로 폭력적으로 재편해왔다"고 말한다.

가진 자에 대한 적대감도 표출한다. "소수 부유층은 사회적 특권을 형성하고 대를 이어 자신들만의 특혜를 향유하고 있다. 재벌대기업의 나 홀로 성장은 계속되고 있으며, 대기업과 중소기업, 정규직과 비정규직 사이의 불평등은 심화되고 있다. 패자부활전은 사라지고 계층 상승의 사다리는 끊어졌다. 세대를 넘어 이어지는 불평등은 청년들을 좌절로 몰아가고 있다. 노동권의 모든 지표는 경제 규모에 비해 현저히 낮은 수준에 머무르고 있다"는 데서 그것을 알 수 있다.

자본주의의 기본 가치에 해당하는 경쟁에 대해서도 적대적이다. "소수의 횡포와 심각한 불평등을 방치한 대가는 공동체의 위기이다. 무자비한 경쟁과 적자생존의 사회는 동료 시민에 대한 배려와 협력을 파괴한다. 강자에 의한 배제와 폭력이 일상화되며, 경쟁에서 도태된 이들의 절망은 극심해지고 있다"는 것이다. 세월호 참사도 "성장 만능, 승자 독식 사회가 빚어낸 비극"이며, "기업의 탐욕과 관료 마피아의 특권 및 특혜는 도처에서 시민의 삶을 위협하고 있다"고 절규한다.

나아가 "정의로운 복지국가는 국가 운영의 목표와 발전의 척도를 바꿀 것이다"라고 선언한다. 또 "정의로운 복지국가는 보편적 복지에 머무르지 않고 시장과 자본의 탐욕을 감시하고 조정해 분배의 격차를 줄여가는 정의로운 심판관이 될 것이다"라고 주장하기도 한다.

정의로운 복지국가 7대 비전 항목에서는 '한국 자본주의의 민주적 개혁과 대안의 경제체제'를 추구하기 위해 "자본의 탐욕을 민주적으로 통제하고 분배의 정의를 실현하며, 한국 자본주의의 구조적 개혁을 이룰 것이다. 경제적 불평등을 심화시키는 토지와 주택의 과도한 집중을 막고 효율적 분배와 관리를 위한 공공의 통제를 강화할 것이다. 투기자본을 강력하게 규제하고 금융의 공공성을 높여갈 것이다"라는 선언도 찾아볼 수 있다.

살펴봤듯이 자본에 반대하는 세력들은 자본과 자본주의, 신자유주의(그들이 자본, 자본주의와 거의 같은 의미로 사용하고 있는)가 우리 사회에 존재하는, 나아가 인류 문명 안에 존재하는 모든 악의 근원이라는 인식을 확산하려고 한다. 자본에 대한 이러한 편견은 특정 정당뿐만 아니라 일반 언론에도 무분별하게 수용되어 널리 확산되는 경향이 있다.

북한 『정치사전』에 나타난 자본·자본가·자본주의

북한 『정치사전』[12]은 자유주의를 대단히 부정적으로 정의한다. 자유주의적 경향은 "조직의 결정과 지시에 복종하지 않고 자기 마음대로 무원칙하게 행동하며 양봉음위 즉 겉으로는 받드는 척하면서 뒤에서는 반대하여 회의할 때에는 다 좋다고 찬성하고도 그 자리를 떠나면 딴짓을 하는" 것이며, 자유주의는 "개인의 자유를 무원칙하게 내세우며 조직생활과 조직규율을 싫어하며 제멋대로 행동하려는 낡은 사상과 태도"이며, "생산수단의 사적 소유에 기초한 자본주의 사회의 산물로서 착취계급의 사상"으로 정의한다. 따라서 자본가계급이 청산된 사회주의 사회에서는 자유주의가 생겨날 수 있는 사회·경제적 근원이 없어진다고 설명한다.

또한 『정치사전』은 집단생활을 싫어하며 조직 규율을 자각적으로 지키지 않고 자기 마음대로 무원칙하게 행동함으로써 집단생활을 약화시키고 근로자들의 정치사상적 통일을 약화시키는

12 사회과학출판사, 『정치사전』, 1973.

자유주의를 극복하기 위해서는 당의 유일사상체계를 철저히 세우며 전 당, 전 국가가 위대한 수령 김일성 동지의 유일적인 영도 밑에 움직이는 강한 조직 규율을 확립하여야 한다고 주장한다. 뿐만 아니라 "조직생활을 강화하며 노동계급의 혁명성, 조직성, 전투성을 체득하도록 단련시켜야 하며 동시에 자유주의의 근원인 개인 이기주의를 비롯한 낡은 사상 자체를 없애는 사상투쟁을 꾸준하게 전개해야 한다"고 덧붙인다.

『정치사전』은 이러한 자유주의를 낳은 자본주의 사회에 대해서 다음과 같은 상세한 설명을 덧붙인다.

"자본주의 사회는 지주, 자본가 등 소수의 특권계급이 근로대중을 억압하여 착취하는 사회입니다. 국가의 권력과 사회의 재부가 다 이 특권계급들의 손에 장악되어 있고 근로대중은 먹을 것도 없고 입을 것도 없고 병이 들어도 치료를 받을 수 없고 모욕을 당하고 압박을 받아도 자기의 인권을 옹호할 아무런 권한도 가지고 있지 못합니다."

"자본주의 사회에서는 생산수단이 사적 소유로 되어 있고 생산의 목적이 자본가, 지주들이 더 많은 이윤을 짜내는 데 있기 때문에 생산자 대중은 오직 자기의 목숨을 이어가기 위하여 마지못해 일하게 되며 생산과 기술의 발전에 대해서 그 어떠한 관심도 가지지 않습니다."

『정치사전』의 설명에 따르면 봉건사회와 교체되어 생겨난 자본주의 사회는 지주, 자본가와 같은 극소수의 특권계급이 정권을 잡고 있으며, 생산수단에 대한 자본주의적인 사적 소유에 기초하여 노동자계급을 비롯한 근로대중을 억압하고 착취하는 마지막 계급사회다.

"자본주의 사회는 정권을 잡은 소수의 지주, 자본가들이 국가 기구를 통하여 무제한 권력을 행사하여 근로대중을 억압 착취할 자유와 온갖 권리를 다 보장하지만 근로인민들에게서는 초보적인 생존의 권리와 자유마저 다 빼앗고 그들에 대한 독재를 실시한다."

"자본주의 사회에서는 몇 놈의 자본가들이 생산수단을 가지고 생산물도 독차지하기 때문에 노동자들은 생산에서 열성을 낼 수 없으며 다만 굶어 죽지 않기 위하여 자기의 노동력을 자본가에게 팔 뿐입니다."

"자본주의 사회에서 부는 소수 자본가에게 집중되어 대다수의 사람들은 고역과 굶주림, 헐벗게 된다."

"자본주의 사회는 착취계급과 피착취계급 사이의 빈부의 차이가 날로 심해지는 '빈익빈 부익부' 사회이다. 그러므로 자본주의 사회는 극소수의 착취자와 압박자들에게는 '천당'이지만 절대다수의 피착취 피압박 인민들에게는 '지옥'이다."

『정치사전』에 의하면 제국주의 시기의 독점 자본가들은 경제적 지배권을 장악하고 국가권력을 자기에게 종속시키며 금융 과도에 지배를 확립함으로써 국가의 대내외 정책을 자신들의 이익에 복종시킨다. 금융 자본가들은 국내 근로자들에 대한 착취와 탄압을 강화할 뿐만 아니라 군비 경쟁 및 침략 전쟁을 지향하는 제국주의자들의 반동적인 대내외 정책의 조작자다.

그러나 자본주의가 무한정 지속되는 것은 아니다. 독점 자본가들의 수중에 사회적 부가 보다 많이 집중되면 될수록 자본주의의 모순은 더욱더 첨예화된다. 독점 자본가들 사이에서, 독점 자본가와 비독점 자본가들 사이에서 치열한 경쟁이 진행된다. 이뿐만 아니라 자본가계급과 노동자계급 사이에서, 종주국의 자본가계급과 식민지 예속 국가의 인민들 사이에서 대립이 더욱 날카로워지는 것이다.

생산수단을 사적으로 소유하는 자본가와 생산수단을 박탈당해 임금노예가 된 생산자 대중은 생산과정에서 지배와 복종의 관계를 형성하며, 자본가와 노동자는 분열하고 대립한다. 생산물은 전적으로 자본가들에게 점유되고 노동자들은 굶어 죽지 않을 정도의 적은 부분만 차지하기 때문이다. 곧 "자본주의 사회에서 자본가계급과 노동계급 사이의 모순은 극도로 격화되고 자본가를 반대하는 노동계급의 계급투쟁이 강화된다"는 것이다.

또한 경제위기도 도래한다. 근로자들의 제한된 지불 능력으로 말미암아 시장에서는 상품이 팔리지 않는다. 근로자들의 생활수준은 최저 한계를 벗어나지 못하며 언제나 성장률보다 뒤떨어진다. 사회 생산력이 전체적으로 파괴되면 수많은 실업 인구가 발생하며 사회 계급의 모순이 극도로 날카로워진다. 주기적인 과잉생산 공황의 폭발은 자본주의적 생산관계가 생산력의 성격에 적응하지 않는다는 것을 집중적으로 표현한다. 그러나 자본주의적 생산관계는 스스로 소멸하지 않는다. 자본주의적 생산관계 위에서 있는 상부구조는 낡은 자기의 토대를 유지하려고 한다. 자본주의적 생산관계를 없애기 위해서는 부르주아 정권을 혁명적으로 뒤집어엎어야 한다. 이를 위한 혁명 역량은 자본주의의 태내에서 자라난다는 것이다.

『정치사전』에 따르면 자본주의가 발전함에 따라 주민의 집결, 생산수단의 집중, 소수자 수중으로 재산의 집적이 나타난다. 그러나 근로대중은 더욱더 빈궁해지며, 근로자들의 지불 능력이 있는 수요의 감소는 생산과 소비 간의 모순을 첨예하게 한다. 또한 자본가 집단들 간에 전개되는 극심한 경쟁은 자본주의적 생산의 무정부성을 강화시키며 과잉생산 공황이 발생한다. 사회의 모든 주민이 2대 기본계급인 부르주아지와 프롤레타리아트로 더욱더 분열되며 양자 간의 적대적 모순이 격화되는 것이다.

자본가계급은 자기들의 계급적 지배를 통하여 자본주의 제도를 매장할 강력한 혁명가 세력인 노동자계급을 길러내고 자본가계급과 노동자계급 사이의 대립은 날이 갈수록 날카로워진다. 이 대립은 필연적으로 계급투쟁을 더욱 격화시켜 노동자계급으로 하여금 자본가계급을 타도하게 하고 자본주의적 착취와 압박과 빈궁을 청산하는 길로 나가게 한다는 것이다.

'노동과 자본' 대립의 근원으로서 마르크스주의

자본은 노동과 대칭이다. 그러나 두 말 사이에는 비대칭도 존재한다. '노동당'은 있어도 '자본당'은 없고, '노동조합'은 있어도 '자본조합'은 없다. 노동은 자본의 역사보다 오래됐고 노동은 다수이고 자본은 소수이기 때문일까. '노동'이 '자본'과 대칭 개념으로 등장한 것은 역사적으로 근대 자본주의의 등장 이후다. 그 이전에도 노동은 존재했지만, 자본주의의 발전 이후 노동과 노동자는 이전과 전혀 다른 의미를 지니게 됐다.

자본주의 안에서 노동자의 특성을 부각시킨 사람은 마르크스다. 마르크스는 당시 노동자들의 비참한 생활에 대한 정치·경제학적 분석 과정에 자본과 자본가라는 개념을 도입했다. 그는 노동자의 이익과 자본가의 이익을 정면으로 대치되는 것으로 파악했다. 마르크스주의자들은 자본주의야말로 착취적 체제이며, 자본가는 노동자의 임금을 희생시켜서라도 항상 더 많은 이윤을 가지려고 노력한다는 것을 노동자들이 알고 있다고 주장했다.

마르크스는 자본주의의 특성을 첫째, 원료·공장·기계 등의 생산수단 또는 화폐 형태의 부를 소유한 소수 자본가계급의 손에 부가 집중되며 둘째, 대부분의 사람들(프롤레타리아)은 임금을 받고 노동력을 파는 것 이외에 생활을 영위할 수단이 없고 거의 모든 생산품은 생산자 개인이 사용하기 위한 것이 아니라 교환, 즉 시장에서의 판매를 위한 것으로 규정한다.[13]

마르크스는 이러한 특성을 가진 자본주의 안에서 노동자의 곤경을 부각시키고 노동자에게 특별한 의미와 임무를 부과했다. 마르크스는 애덤 스미스를 읽으면서 다음과 같은 사실을 발견했다고 주장했다.[14]

첫째로, 자본주의하에서 노동자들의 임금은 말 그대로 최저다. 이것은 자본가가 협상하기에 훨씬 더 유리한 위치에 있다는 사실의 필연적 결과이며, 노동자는 굶어 죽지 않으려면 최저 임금도 수용할 준비가 되어 있어야 한다. 말하자면 임금은 노동자와 그의 가족들이 겨우 생명을 부지할 수 있을 수준일 뿐이다.

둘째로, 노동은 형벌이다. 같은 이유로 노동자는 과로와 때 이른 죽음으로 몰고 가는 소름 끼치는 조건들을 수용하지 않으

---

13 Eaton, John, *Political Economy: A Marxist Textbook*, International Publisher, 1963, 22쪽.
14 조너선 울프, 『한권으로 보는 마르크스』, 김경수 옮김, 책과함께, 2005, 49~50쪽.

면 안 된다.

셋째로, 노동은 퇴화이며 일면적이다. 노동 분업이 진전될수록, 노동은 더욱더 기계와 비슷해진다.

넷째로, 노동은 상품이 되어버렸다. 노동은 다른 상품들처럼 시장에서 사고팔린다.

다섯째로, 노동자의 삶은 소외된다. 노동자는 많은 물건을 생산하지만 그것을 자신이 소유하지 못한다.

특히 애덤 스미스도 갈파했듯이 분업은 생산활동에 참여하는 노동자들이 생산과정에서 무의미하게 동일한 행동을 반복할 뿐이라고 마르크스는 주장한다. "12시간 내내 직물을 짜고, 실을 잣고, 구멍을 뚫거나 선반을 돌리고, 건설하고, 삽질하며, 돌을 깨고, 짐을 나르는 따위의 일을 하는 노동자. 그가 그 12시간 동안의 노동 즉 실을 잣고, 구멍을 뚫고, 선반을 돌리며, 건설하며, 삽질하며, 돌을 깨는 것을 그의 삶의 표현으로 여기는가? 그것을 정말 삶이라고 생각하는가? 이와는 반대로 그에게 있어 삶은 이런 행동이 중단될 때에야 식탁에서, 대폿집에서, 침대에서 시작된다"고 마르크스는 생각했다.

그러면서 마르크스는 자본주의가 타도된 "코뮤니즘 사회에서는 누구도 배타적인 생활 영역을 갖지 않으며, 사람마다 자신이 원하는 분야라면 어디에서나 학문과 기예를 배울 수 있고, 또 사회는 생산 일반을 조절한다. 이를 통해 나는 오늘 이 일을 하고 내일에는 다른 일을 하며, 또한 내가 사냥꾼이거나 어부 또는 목동이나 비평가가 따로 될 필요 없이 마음 내키는 대로 아침에는 사냥하고, 오후에는 낚시질하며, 밤에는 가축을 돌보고, 저녁 식사 뒤에는 비평을 하는 것이 가능해진다"고 설파했다. 19세기 당시 현실 자본주의와 미래의 이상적 사회주의에서 사람들의 삶을 극명하게 대비시킨 것이다. 이런 사회를 건설하기 위해 노동자들에게 혁명을 선동했다.

마르크스는 자신의 이러한 주장들을 '역사적 유물론'으로 정식화했다. 그는 자연현상을 지배하는 필연적 법칙이 존재하듯이 역사의 발전을 지배하는 역사의 법칙이 존재한다고 믿었다. 과학적 방식으로 이 법칙을 발견한다면 우리가 자연현상을 예측할 수 있듯이 역사의 미래를 예측할 수 있다고 주장했다. 그리고 그것에 과학적 사회주의라는 이름을 붙였다.

마르크스와 엥겔스Friedrich Engels는 "이제까지 사회의 모든 역사는 계급투쟁의 역사다"라고 규정하면서 자본주의 사회를 "사회 전체는 점점 더 두 개의 커다란 적대 진영, 직접 대립하는 두 개의 계급, 즉 부르주아지와 프롤레타리아로 분열하고 있다"고 단언했다. 그러면서 "부르주아지는 자신들에게 죽음을 가져올 무기만을 만들어낸 것은 아니다. 그들은 이 무기를 들게 될 사람들, 즉 현대의 노동자인 프롤레타리아를 낳은 것이다"라고 『공산당 선언』에서 말했다.

그리고 『공산당 선언』은 "공산주의자들은 그들의 견해와 의도를 숨기기를 거부한다. 그들은 그들의 목적이 이제까지의 모든 사회 질서를 폭력적으로 전복해야만 달성될 수 있음을 공개적으로 천명한다. 지배계급은 공산주의 혁명이 두려워 전율할지도 모른다. 프롤레타리아들은 공산주의 혁명에서 자신들을 묶고 있는 족쇄 이외는 잃을 게 없다. 그들에게는 얻어야 할 세계가 있다. 만국의 프롤레타리아여, 단결하라!"로 끝을 맺는다.

역사적으로 반증된 자본에 대한 통념과 편견

지금까지 살펴본 것과 같이 우리나라에서 널리 퍼진 자본에 대한 편견과 통념은 북한의 반자본주의 사상, 마르크스주의의 역사적 유물론과 인과적으로 서로 연결되어 있다거나 앞선 것을 보고 배웠다고 확증할 증거는 없지만, 서로 '가족적 유사성'이 있다는 사실은 부정할 수 없다. 이들 주장 사이에는 농도나 강조, 표현의 차이는 존재하지만, 자본에 대한 반감이 공통적으로 존재한다.

그러나 마르크스의 사적 유물론은 역사적으로 반증됐다. 사적 유물론은 잘못된 가정 위에 구축됐으며, 마르크스가 예견한 방향으로 역사는 진행되지 않았다. 자연현상과 달리 역사의 발전을 지배하는 법칙은 존재할 수 없고 미래의 역사는 결정되어 있지 않다. 노동자계급과 자본가계급이 극단적으로 이원화되지 않았으며, 선진 자본주의 사회에서 공산주의 혁명이 발생하지도 않았다. 무엇보다도 선진 자본주의 사회에서 노동자들의 삶은 엄청나게 향상되어 사회안정 희구 세력으로 자리 잡았다.

노동자계급뿐만 아니라 자본가계급 사이의 이해관계도 상충한다. 대동단결이 있을 수 없다. 노동자를 하나로 묶어주는 의식은 없다. 자본가와 노동자의 이익이 항상 상충하는 것은 아니다. 자본가는 노동자를 착취함으로써 부를 쌓는 것이 아니라 기업가 정신으로 부를 창출한다. 국가는 독립적인 기관이지 자본가의 하수인이 아니다. 자본주의 국가 사이의 이익은 서로 상충한다. 국가 사이의 교역은 상호 이익에 기초한 것이지 약탈이 아니다. 국가는 자본가가 아니라 노동자를 위해 재분배 정책을 실시한다. 공산주의가 꿈꾼 세상은 자본주의 사회에서 많은 부분 실행됐다.

그뿐만 아니라 20세기에 생겨난 공산주의 정권은 대부분 실패하고 사라졌다. 그런데도 자본·자본가·자본주의에 대한 편견은 사라지지 않고 있다. 반자본주의 사상은 과학이 아니라 종교에 가깝기 때문이다. 자본주의가 존재하는 한 반자본주의 사상은 사라지지 않는다. 이것은 인기 연예인에게 항상 안티가 존재하는 것과 같은 이치다. 따라서 반자본주의 사상은 자본주의와 운명을 같이 한다. 다만 자유주의자들이 엄청나게 노력한다면 우리 사회에 존재하는 반자본주의 정신을 조금 완화시킬 수는 있을 것이다.

제3장

자본에 대한 원한은 왜 나타나는가?

김행범
부산대학교 행정학과 교수

자본에 대한 원한은 개념 정의에서부터 시작한다

애덤 스미스는 인간이 자신에게 수입을 가져다줄 것으로 예상하는 자본을 스톡stock이라고 불렀다. 당시의 영어에서 스톡이란 나무의 몸통을 의미했는데, 시간이 지나면 성장한다는 함의를 가졌다. 자본capital의 어원은 '머리'를 의미하는 라틴어 'caput'에서 유래했다고도 하는데 실제로 중세 프랑스에서는 임대차 계약에서 이자의 크기를 소의 머릿수로 표시했다. 요컨대 자본이란 지금 소비해버릴 수도 있지만 소비를 참고 생산과정에 투입하면 나중에 더 큰 소비재를 생산해내는 능력이 있는 생산요소다. 오늘날 'capital'과 'stock'을 붙여 만든 자본스톡capital stock은 보통 특정 시점에서 물리적 자본의 총량을 의미한다.

19세기 말 서양 사상을 번역하던 청나라 학자 옌푸嚴復는 'capital'을 재산의 바탕이란 의미로 '모재母財'라 번역했다. 그러나 이 단어는 중국이 청일전쟁에 패한 이후 일본에서 번역한 '자본資本'이란 말로 급격히 대체됐다. 자본주의란 바로 이 자본이 경제의 근본 요인이라는 사상이다. 마르크스 자신도 '자본Das Kapital'이라고 썼지 '노동Arbeit' 혹은 '임금Arbeitslohn'이라 쓰지 않았다. 그것은 경제의 기반이 바로 자본에 있음을 방증한다. 흔히 생산요소로 토지·노동·자본을 드는데, 토지 및 노동이 원초적 생산요소인 것과는 달리 자본은 '만들어진' 생산요소다. 사냥을 위해 원시인이 사용하는 활과 돌도끼는 자본이며 도로는 도시민의 자본(간접자본)이다. 생산요소로 투입된 것이 자본의 본질이므로 장식용으로 구입한 활과 돌도끼는 자본이 아니라 소비재일 뿐이다.

사물이나 현상의 개념 정의, 이름 짓기 자체가 가치판단 행위나 정치 행위로 출발하기 쉽다. 자본주의, 자본의 의미와 종류 등의 개념은 선제적으로 마르크스가 일관성 있게 전개했기 때문에 애초에 그가 만든 개념 정의를 그대로 받아들이는 순간, 논리적 결론도 그의 의도를 따라 자본에 대한 증오로 귀착되기 마련이다. 마르크스적인 자본의 정의부터 새로이 검토하는 이유는 오늘날 자본에 대한 그릇된 증오심의 저변에 스며든 마르크스적, 반과학적 정의를 극복하고 자본의 의미부터 정확히 구축해야 할 필요가 있기 때문이다.

그렇다면 자본이란 무엇인가? 첫째, 자본을 토지, 노동과 더불어 단지 생산의 3대 요소의 하나로 보는 시각이 있다(자본실체설). 애덤 스미스나 리카도David Ricardo의 이론이 여기에 해당된다. 이들에 의하면 자본이란 '생산된 생산수단'이 되는 물적 재화로서 보통 자본재capital goods 또는 실물자본이라고 부른다. 여기에는 공장설비, 기계 등과 같이 생산과정에서 점진적으로 소모되어 그 가치가 생산물로 옮겨가는 고정자본과 원료처럼 생산과정에서 단번에 생산물로 옮겨가는 유동자본이 있다. 토지와 노동이 각각 지대와 임금을 가져오듯이 자본은 이윤을 낳는다.

그런데 이 시각에 사로잡히면 자본이란 본질상 토지·노동과 동격의 생산요소일 뿐이므로 그것이 따로 잉여가치를 낳는 요소로 대접받을 이유가 없다고 보는 논리로 귀결된다. 노동에 비하여 자본에 돌아가는 이익이 부당하게 높다고 보는 좌파 이론의 저변에는 이런 사고가 전제되어 있다.

둘째, 자본을 우회생산을 가능케 하는 수단으로 보고 자본의 잉여가치를 우회생산의 이익으로 설명하는 시각이 있다. 뵘바베르크, 하이에크Friedrich Hayek와 슘페터의 입장이다. 이런 관점에서 자본이란 최종적 단계의 소비재를 생산하기 위해 투입되는 고차위적 재화high-order goods다. 이러한 우회생산이 이루어지게 만들려면 기업가는 먼저 조달한 자금으로 생산수단, 토지, 노동과 같은 생산요소를 구입해서 이들을 생산과정에 결합해야 한다. 따라서 생산요소를 구매할 능력이 있는 자본(화폐자본)이 특히 중요시된다. 슘페터 역시 기업가의 손에 주어진 돈, 즉 화폐자본을 강조한다는 점에서 이와 동일하다. 이렇게 자본을 이해하면 투입된 노동의 크기에 의해 잉여가치가 만들어지는 것이 아니라 우회생산을 가능케 한 자본에 정당한 보상이 주어지는 것임을 알 수 있다.

셋째, 마르크스는 자본을 생산수단이란 측면을 넘어서 자본주의 사회 특유의 역사적, 사회적 관계 속에서 파악해 '자본가가 이득을 획득하는 수단'이라고 봤다. 이렇게 자본을 특정한 정치·경제 관계 속에서만 이해하기 때문에 이 생산관계를 벗어날 경우 그것은 이미 자본이 아니다. 생산에 투입되는 노동 외의 모든 재화란 근본적으로 따지면 노동에서 나온 것이고 노동이 쌓여서 만들어진 것(축적된 노동)에 불과하다는 주장이다.

나아가 자본은 잉여가치(이윤)를 산출할 능력이 전혀 없으며 오직 노동에만 보상이 주어져야 한다는 것으로 자연스럽게 전개된다. 자본을 설명하면서 이렇게 사회관계의 역학을 동원하는 순간, 그것은 이미 과학이 아니라 정치의 논리가 된다. 자본에 대한 가장 강력한 증오는 바로 자본에 대한 마르크스식 개념 정의로부터 출발한다.

자본에 돌아갈 보상은 없다?

자본에 대한 원한의 근원에는 그것에 보상이 돌아가는 것 자체가 부당하다거나 돌아갈 보상의 정당한 크기를 넘어 남(노동)의 몫까지 착취한다는 인식이다. 노동만이 잉여가치를 창출한다는 마르크스의 노동가치론은 바로 이러한 원한의 논리적 토대다.

마르크스에 의하면 상품의 가치란 오직 그에 투입된 노동의 크기에 의해 결정된다.[15] 잉여가치, 곧 이윤이 나는 것은 오직 자본가가 노동에 대해 임금을 지불하지 않는 것, 즉 불불不拂노동 때문이다. 총 5,000원의 화폐자본을 가진 자본가가 원료와 노동수단(기계 등) 구입에 4,100원을 투하하고 하루치 노동을 구입하는 데 900원을 투하했다. 이렇게 만들어진 상품을 시장에서 5,900원에 판매한다. 마르크스는 이때 원료 및 생산수단의 가치(4,100원)가 전혀 변하지 않은 채 최종 상품 속에 그대로 용해되어 있을 뿐이며(그래서 이를 '불변자본'이라 부른다), 새로이 부가된 900원의 가치는 오직 노동의 산물이라고 본다. 즉 노동의 가치 중 900원만큼은 최종 상품에 그대로 용해되어 있으며 그에 더하여 900원의 잉여가치를 더 창출했다는 것이다. 900원의 자본을 투입받은 노동자는 상품 속에 1,800원어치의 가치를 용해시켜놓은 셈이다. 마르크스는 이 잉여가치가 오직 노동에서 나온 것이므로(노동가치론) 노동자의 몫으로 돌아가야 한다고 본다. 그런데도 자본가는 노동자에게 임금으로 900원만을 지불했을 뿐이며 다른 보상을 하지

---

15 이하는 마르크스 이론 직후 그 이론을 가장 충실하게 해설한 요한 모스트, 카를 마르크스의 저작, 『자본과 노동: 마르크스의 숨겨진 자본론 입문』의 사례를 그대로 인용한 후 비판한 것이다.

16 요한 모스트·카를 마르크스, 『자본과 노동: 마르크스의 숨겨진 자본론 입문』, 오타니 데이노스케·정연소 옮김, 한울아카데미, 2014, 55~63쪽.

않는다. 이틀 치 임금의 가치인 1,800원의 기여를 했음에도 하루치 임금인 900원만 주었다는 것이다. 따라서 노동력에 투하된 자본은 자본가가 제멋대로 노동의 기여분만큼 정확히 지불하지 않고 자기 몫으로 빼돌릴 수 있다는 점에서 '가변자본'이라고 불렀다. 하루치 임금만 주고서 이틀 치 노동을 부과하므로 노동자는 '강제노동'을 당한 셈이다.[16]

그러나 이것은 근본적인 오류들을 담고 있다. 첫째, 마르크스는 노동가치론의 원조인 애덤 스미스나 리카도조차 동의 못 할 방식으로 노동가치론을 왜곡했다. 잉여가치의 유일한 원천이 노동이라고 보는 것은 노동이 '자본과 함께' 작동함으로써 가치가 창출됐다는 점을 간과한 것이다. 오히려 위의 예에서 노동의 가치는 900원만큼 최종 상품 속에 그대로 용해된 것이며 진정한 잉여의 원천은 기업가의 몫(기업가정신, 위험 부담, 혁신, 욕망의 절제 등에 대한 보상)으로 본다는 자본가치설도 이론적으로 가능하다. 여기에서 핵심은 적어도 잉여가치를 '자본-노동 공동의 산물'로 볼 수 있다는 것이지 노동만의 결과로 보는 것은 큰 오류라는 점이다.

둘째, 노동이 가치를 창출하는 역량이 있음을 인정하더라도 자본의 선도 없이 가치를 창출하는 것은 어렵다. 마르크스는

900원의 잉여가치가 노동자가 아닌 자본가에게 돌아가는 것을 불가사의한 자본의 자기수정自己受精이거나 헤라클레스의 초인적 역할이라고 풍자한다.[17] 그러나 노동만으로 부가 창출된다는 논리가 맞는다면 왜 자본의 투입이 있기 이전인 자본주의 이전pre-capitalist 시기에 노동자들은 더 가난했으며, 왜 굳이 자본에 고용되어 임금을 얻으려 했겠는가? 만약 자본가가 잉여가치를 산출할 능력이 없는 자본의 소유자일 뿐이어서 당초에 투입한 4,100원만 가져가야 하고 노동자는 자신의 임금인 900원에 그들만의 노력으로 창출한 잉여가치 900원을 합해 1,800원을 가져가야 한다면 자본가는 애초에 그런 무익한 투자를 할 리가 없다. 자본의 투입이 없었다면 노동자는 아예 고용될 기회조차 없었을 것이다.

셋째, 가치를 창출하는 유일한 요소는 노동이며 가치의 크기는 투입 노동량, 곧 노동시간에 의해 결정된다고 보는 것이 마르크스의 논리다. 그 논리가 맞는다면 숙련도가 낮고 무능한 노동자가 많은 시간을 들여 만든 제품일수록 더 비싸야 한다는 기이한 반론이 나온다. 그러나 시장에서는 제품에 얼마의 노동이 투

17 Reisman, George, *Capitalism*, TJS Books, 1998, 604~607쪽.

입됐는지는 상관없이 같은 제품이라면 같은 가격에 판매된다. 오히려 숙련도가 높아서 적은 노동시간이 투입된 제품이 더 높은 가격으로 판매된다.

자본이 도덕적 타락의 원인이라는 미신

마르크스는 자본에 대한 원한이 깊어지면 자본과 그를 소유한 사람이 도덕적으로 타락한다는 논리까지 도출하려고 한다. 이에 따라 자본은 인간을 탐욕과 향락욕으로 이끄는 절대적 열정이 되어 도덕적으로도 타락시킨다는 논리가 만들어진다. 마르크스는 『자본론』에서 괴테의 『파우스트』 중 "그대의 가슴속에는 아아! 두 개의 영혼이 살고 있으며 그들이 서로 떨어지려 하고 있도다"를 인용하면서 "자본가의 높이 부풀어 오른 가슴속에서는 축적욕과 향락욕 사이의 파우스트적 갈등이 전개된다"고 주장한다. 그러나 아래와 같은 이유에서 마르크스의 주장에 오류가 있음을 알 수 있다.

첫째, 이는 자본의 도덕적 기반을 오해한 것이다. 베버Max Weber

에 의하면 자본주의가 발전한 것은 프로테스탄트인 자본가가 자본축적을 신의 소명Beruf으로 보는 도덕적 확신을 얻었다는 점에 더하여, 그 축적된 이익을 낭비와 향락에 소모하지 않도록 강력하게 제어하는 또 다른 가치, 곧 '금욕'을 가졌기 때문이다. 자본축적에 성공한 사람이 도덕적으로 타락한다는 것은 공산주의, 전체주의를 포함한 어떤 체제하에서든 힘과 돈을 가진 사람이 빠지기 쉬운 가능성이지 그게 자본의 필연적인 속성은 아니다. 자본이 지속적으로 성공하려면 축적된 자본의 재사용에서도 타락이 아니라 금욕이 필수적임을 간과한 것이다. 일부 부자의 타락은 자본의 책임이 아니다.

둘째, 이러한 타락은 증명된 것이 아니라 자본을 증오하는 시각이 갈급하게 찾고 싶어 하는 폭로거리일 뿐이다. 그들은 수많은 자본가의 수많은 선행을 외면한다. 혹은 선행을 목도하더라도 자신의 편견을 바로 인정하기보다는 그 선행을 인용하면서 다른 자본가에게 더 큰 선행을 압박하는 도구로 사용코자 한다. 자본이 도덕적으로 타락한 원인을 예증하고자 하나 그 사실을 찾기 어려운 경우 그것은 상상의 세계, 곧 문학 속에서 마음껏 만들어진다. 이 때문에 부자의 타락과 위선을 들추어내는 추리소설이

흥행하고 TV 드라마에서는 '악한 기업가 vs 선량한 서민'의 구도 하에서, 자본가는 으레 벼락부자가 된 타락한 인간으로 그려진다. 그리고 종국에는 그들도 경제적 파산을 당하여 정의가 바로잡힌다는 플롯이 즐겨 구사된다. 마르크스와 엥겔스의 『공산당 선언』에서는 자본가를 "창녀는 물론 프롤레타리아의 아내와 딸들을 취함에 그치지 않고 서로의 아내까지 유혹하는 자들"에 불과하다고 그리고 있다.[18]

셋째, 일반으로 자본주의가 확산되면 고상한 문화를 파괴하고 천박한 저질문화를 양산한다는 비난도 있다. 획일적으로 찍어내는 아파트, 저급한 대중문화의 확산, 저가 제품의 소비재 등을 그 예로 든다. 그러나 자본주의 이전의 고상한 문화란 극소수의 사람들만 누리던 것이었다. 오늘날에도 소비자의 수요만 확인된다면 자본은 얼마든지 시장에서 과거보다 훨씬 더 고상한 문화를 소비자에게 공급할 준비가 되어 있다.

---

18 Mises, Ludwig von, *The Anti-Capitalistic Mentality*, Libertarian Press Inc, 1972, 57쪽.

특정 음모집단이 독점하는 악?

자본을 특수집단만이 소유하여 다중에게 횡포를 부리는 도구로 보는 대표적인 시각은 유대인의 음모로 자본을 파악하는 것이다.

국수주의자 피히테Johann Gottlieb Fichte는 자본주의 사회란 인간 자신이 만든 환경을 감옥으로 만드는 절대악의 시대로 보았다.[19] 마르크스가 공산주의를 선동할 당시 유럽의 대다수 유대인은 신앙적 측면에서 혹은 사유재산을 인정하지 않는다는 이유로 사회주의를 반대했지만 공산주의자 중에도 유대인이 상당수 있었다. 물론 전반적으로 유대인의 역할이 제한적이긴 했다.

그러나 1917년 볼셰비키 혁명과 불발에 그친 베를린, 뮌헨, 부다페스트에서의 공산주의 혁명으로 반유대주의의 성격이 바뀌게 된다. 19세기까지 유대인은 예수를 죽인 민족이라는 반기독교적인 시각에서 증오의 대상이었다. 19세기 후반부터는 전통적 사회를 파괴하고 약탈하는 자본가로서 증오의 대상이 된다.[20] 1997년 아시아 외환위기 당시에도 모슬렘 국가 말레이시아 총리 마하티르Mahathir Mohamad에 의해 외환위기가 유대인의 음모라는 선동이 또다시 제기된 적이 있다.

셰익스피어의 『베니스의 상인』에서 유대인 샤일록의 패배를 통쾌하게 묘사하듯이 유럽의 반유대주의는 오랜 역사를 가진다. 마르크스 자신도 유대인이었으나 그는 『유대인 문제에 관하여』에서 유대인의 세속적 토대는 실용주의와 이기심이고 그들이 숭배하는 것은 흥정이며 그들이 섬기는 세속의 신은 돈이라고 보았다. 유대인과 자본주의의 논리적 연결을 가장 체계화한 것은 좀바르트Werner Sombart다. 그는 베버의 논리에 대응하여 개신교가 아니라 유대주의야말로 자본주의 발흥의 근본이라고 반박하고 유대인은 '주식시장의 투기꾼으로서 완벽한 자격'을 갖추었으며 자본주의의 부정적 측면은 다 유대인에게서 나온 것으로 규정했다. 자본주의 경제는 물질적 풍요를 가져왔지만 자본주의 이전의 '자연적' 삶을 파괴하고 내적 평화와 영혼을 파괴하는 질적 저하를 초래했다는 것이다. 이런 생각은 후일 나치주의자들의 스승으로 간주된 테오도어 프리치Emil Theodor Fritsch에서 최고로 증폭됐다.[21]

제2차 세계대전 이후에도 소수자본 독점가라는 것에 초점을

19 제리 멀러, 『자본주의의 매혹』, 서찬주·김청환 옮김, 휴먼앤북스, 2006, 389쪽.
20 같은 책, 394~395쪽.
21 같은 책, 371~374쪽.

둔 음모론은 여전히 마력을 휘두른다. 한국에서 대기업 집단을 재벌財閥이라고 부르는 것 자체도 '자본을 독점한 패거리들'로 보는 음모론적인 시각과 관련이 있다. 반자본적 입장을 취하는 사람들도 자본가 중에 중소기업은 가급적 달리 다루어 자신의 진영으로 포괄하고 주로 대기업 집단을 공격한다. 그래서 반자본적인 정당들도 그들의 강령에서 중소기업 보호를 표방함이 보통이다. 그러나 삼성물산과 제일모직 합병에서 보듯이 주식회사의 시대에 자본 독점이란 불가능하고 대기업 주주들은 여러 우호 지분의 도움을 받아야만 지배권을 행사할 수 있다. 그런데도 자본이 소수집단의 음모로 움직인다는 시각은 군산軍産복합, 철의 삼각iron triangle, 이슈망issue network 등의 관념 속에 고스란히 남아 있다.

정치권력이 자본을 증오하게 만들기도 한다

공황 등의 경제적, 사회적 문제가 국가위기로 전개되면 그 원인이 자본의 탐욕 때문이라는 조작을 통해 자본에 대한 원한은 강화된다. 정치인들은 경제위기에서 자본가를 공공의 적으로 규정함으로써 대중의 불만을 오히려 열광적 정치 자원으로 바꾸는 역량이 있다. 히틀러나 루스벨트도 그러한 예이며 한국도 국제통화기금 외환위기 때 정치인이 임의로 자본을 재배정하는 이른바 '빅딜'이란 정책을 밀어붙인 바 있다. 자본의 탐욕이 경제공황의 원인이었다는 인식은 아직도 자본가 및 자본주의에 대한 불신을 쌓게 하는 주요인이다. 1920년대 말부터 시작된 미국 경제공황과 중앙 유럽 금융위기의 진정한 원인에 관해서 다양한 해석이 있음에도[22] 그것은 자본주의의 필연적인 산물로 선전됐다.

이 원한을 기회 삼아 유럽에서는 민주주의의 가장 급진적 반대자인 국가사회주의와 공산주의가 각각 나타났다. 미국에서는 반자본적인 정책들이 광범위하게 추진되는 케인스주의가 나타났다. 루스벨트는 반자본주의 대중 선동가들의 수사학과 정책을 수용하여 최고소득 계층에 79%의 세금과 상속세를 부과했다. 또한 자본가들은 압제자요, "경제에서의 왕당파"이고 "권력을 추구하고 대중을 노예화하는 독재자"로 규정했다(1936년 연두교서). 그 노선은 "반자본주의적 중상모략으로 가득 찬 개를 풀어놓는 것"

22 같은 책, 444쪽.

으로 묘사될 정도였다. 한술 더 떠 당시 내무장관 해럴드 이크스Harold Ickes는 "거대기업 파시스트들의 아메리카-노예화된 미국을 건설하려는 60여 개 가문"을 통렬히 비난하고 나섰다.[23]

또 미국 남부 대중선동 정치인 휴이 롱Huey Long은 '부를 같이 나누는 사회Share the Wealth'라는 조직체를 만들었다. 그는 재산몰수, 과세로 부자들의 돈을 압류하고 이를 전 국민에게 재분배하자는 '모두가 왕Every Man a King'이란 포퓰리즘 운동을 추진하다 대통령 출마까지 나섰으나 곧 암살됐다. 그의 반자본 운동은 2011년 가을부터 시작되어 자본에 대한 증오심을 다시 일으킨 미국의 "월가를 점령하라Occupy the Wall Street"로 재현됐으며 한국의 여의도 금융가에서도 나타났다.

정치인은 필요시 소수 기업을 적으로 간주하는 것이 불가피하다고 여긴다. 이 때문에 아인 랜드Ayn Rand는 대기업을 미국에서 가장 핍박받는 소수집단으로 규정한 바 있다. 경제위기의 원인은 공익을 무시하는 탐욕스러운 자본가 때문이란 정치권력의 조작은 뉴딜 시대에 공고한 역사가 됐고 개입주의 경제정책을 수용한 개발도상국에도 그대로 이전됐다.

---

23 같은 책, 447쪽.

정신세계 지도자들의 반자본적 태도

자본에 대한 원한은 세속 정치권력뿐 아니라 종교 지도자에 의해서도 더욱 강화된다. 뉴딜 시대 산업 중심지였던 미국 북부 지역에서 라디오를 통해 많은 추종자를 모았던 가톨릭 신부 코글린Charles E. Coughlin은 국제 금융과 얽혀 있는 월가의 자본이 유대인에 의해 지휘되고 있다고 맹비난했다. 처음에 그는 루스벨트의 강력한 지지자였다가 나중에는 이에 반대하고 더 노골적인 좌파노선인 '사회정의를 위한 국가조합National Union for Social Justice'으로 반자본주의를 추구했다. 독일, 영국, 스위스 등 유럽의 기독교 사회주의도 비교적 온건한 페이비언주의부터 후일에는 보다 과격한 해방신학론까지 등장하여 자본을 불평등의 원인이라고 보는 감성을 확대하는 데 기여했다.

공산주의 이론 자체가 애초부터 성경 구절을 편의적으로 도용한 부분이 많다. "믿는 무리가 한마음과 한뜻이 되어 모든 물건을 서로 통용하고 제 재물을 조금이라도 제 것이라 하는 이가 하나도 없더라(사도행전 2: 42-47, 4: 32-37)"를 사유재산권이 없는 공산사회로 보고 "일하지 않는 자는 먹지도 말라(데살로니가후서 3:10)"는 1936년 소련 헌법 12조에 그대로 받아들여졌다. 의도적인 오용이란 점이 선명한 이런 왜곡을 차치하더라도 많은 종교 지도자가 반자본적인 정향定向을 보였다. 카를 바르트Karl Barth, 라인홀드 니부어Reinhold Niebuhr, 폴 틸리히Paul J. Tillich, 윌리엄 템플William Temple 등 저명한 신학 지도자들은 빈곤, 착취, 불평등, 타락의 원인이 자본주의며 자본주의를 벗어날 때에 이것이 해결될 수 있다고 주장했다.

2013년 한국에서도 총회를 개최했으며 세계 개신교를 대표하는 세계기독교협의회WCC는 사회적·정치적·경제적 불평등과 부조리로부터 이들을 해방시키는 것이 사명인 반자본주의적 해방신학을 공식적으로 채택한 바 있다. 원래 유럽의 기독교 사회주의는 소박한 휴머니즘에서 출발했지만 한국의 경우, 종교 지도자 중 일부는 자신이 지지하는 정당이 집권하지 않으면 곧 민주주의의 후퇴라고 보면서 반자본적인 태도를 지향한다. 이 같은 기독교의 정향 때문에 한국을 비롯한 국가마다 이런 노선에 반대하는 새 종교조직이 나타났는데 한국의 경우 한국기독교교회협의회NCCK에 반대하여 나타난 한국기독교총연합회가 대표적이며, WCC의 친좌파 노선에 반대하여 국제기독교협의회ICC가 등장했다.

그러나 종교 지도자들은 자본주의 발전 초기에 나타난 아동노동, 여성노동, 구로공단, 청계천 평화시장의 저임금 노동 같은 문제들이 아예 고용 기회가 없던 시대에 고용을 제공하는 유일한 방법이었음을 간과한다. 이들은 정작 굶주림에 빠진 공산주의 체제에 대한 비난에는 인색한 채 자본에 대한 증오심을 높여왔다.

지식인들의 자본주의에 대한 원한

슘페터에 의하면 자본주의는 자신을 붕괴하게 만드는 자들을 스스로 낳는데 그 주역은 자본주의 사회의 지식인이다. 즉 마르크스가 예상한 '노동자'가 아니라 그가 '부르주아 출신의 이데올로기스트'라 부른 사람들이 자본을 더 혐오하는 주역이 됐다. 이들은 원한을 조직화하고 육성하고 그 목소리를 내게 하며 그것을 지도함에 주된 관심을 가진 집단이다. 왜 이들이 자본에 대해 비판적인가? 본래 지식인계급이 전문 직업으로 대두된 것 자체가 자본주의 발전의 혜택이다. 자본주의는 어떤 체제보다 언론과 출판의 자유에 관대하고 또 혁신은 토론의 수단들을 확대한다. 자본주의의 산물로 나타난 지식인 중 일부는 정부 관료나 정당의 정책 입안자로 진출하지만 다 그렇게 흡수되는 것은 아니다. 자본주의는 교육의 확대로 사회가 흡수할 수 있는 수준 이상의 일반(비전문적) 교육을 받은 '인문주의자'들을 양산하는 경향이 있는데 사농공상의 미신이 남아 있는 한국에서는 더욱 그러하다.

대학 졸업자들은 어느 나라고 육체노동을 하는 직업에는 대개 고용될 수 없는 상태가 된다. 이 때문에 고등교육 졸업생을 자본주의 세계의 노동에 적합하지 않은 사람으로 만드는 경향이 나타난다. 이들은 현장의 육체노동이 자신에게 너무 저급하다고 생각하거나 그 임금이 자신의 가치에 못 미친다고 생각한다. 자신의 가치에 정당한 보상을 해주지 못하는 자본주의 사회에 대한 불만을 키운다. 불만은 원한을 키우는데 그 원한은 흔히 인간과 계급, 그리고 상품에 대해 지적인 인간들의 특징인 비판으로 나타난다. 이들이 자신의 존재를 확인할 방법은 주로 '불쾌 가치'에 놓여 있다. 비판으로 먹고살며, 지식인들의 생존 자체가 비판 능력에 달렸기 때문에 비판은 곧 자신의 생존 이익과 부합된다.[24] 지식인들

---

24 조지프 슘페터, 『자본주의 사회주의 민주주의』, 변상진 옮김, 한길사, 2011, 147~151쪽.

이 바로 노동자계급의 지도자가 되는 것은 아니지만 글과 말을 통한 비판적 활동으로 영향을 준다. 그 결과 이런 지식인은 자본과 자본가를 강타하며 자본주의 이상의 정당성에 대한 부정을 가장 즐기게 된다. 여기에 더해 자본가 자신의 책임도 있다. 미제스에 의하면 유럽의 부자들이 사교계le monde에서 지식인, 예술가, 공직자, 과학자, 법률가 등 다양한 계층과 어울린 반면, 미국의 부자들은 다른 계층에 대해 배타적이었다. 이 때문에 자신의 자존심은 유지했을지 몰라도 그런 만큼 지식인과 다른 계층은 적대감을 더 갖게 됐다. 이 경우 지식인은 자본을 더욱 멀리하게 된다.

노직도 지식인이 반자본적인 성향을 갖게 된 이유를 설명한다. 지식인들은 으레 자신이 가장 가치 있는 사람이라고 착각한다. 지식인의 활동을 고귀하게 본 플라톤은 철인이 나라를 다스려야 한다고 보았고 아리스토텔레스 역시 지적 성찰을 최고의 행동으로 꼽았으며 배운 사람을 가장 존귀하게 여긴다는 점은 동양사회도 마찬가지다. 이런 문화 속에서 지식인은 자신이 가장 가치 있는 존재이기 때문에 가장 높은 보상을 받을 것으로 기대한다. 그러나 이런 기대와는 달리 현실의 자본주의 사회는 시장에서 표출된 타인의 수요를 얼마나 잘 충족시키는 능력을 갖추었는가에 따라 보상을 할 뿐이다. 지식인은 이런 기준에 으레 미달하기 마련이다. 지식인들은 천박한 딴따라들이나 장사치들이 큰 보상을 받는 반면 높은 가치를 지닌 자신들의 가치를 알지 못하는 자본주의에 필연적으로 적대감을 가진다.

미래의 지식인들이란 대학에서 좋은 성적을 거둔 사람들이다. 바꿔 말하면, 이들은 대학교수가 중심적 권위central authority를 갖고 가치(성적)를 배분하는 체제에서 성공한 사람들이다. 그런데 그들에게 성공을 부여한 질서란 중앙 통제기관이 없는 '시장'과 같은 자생적 질서spontaneous order와는 전혀 다른 것이다. 그래서 지식인들은 자신의 높은 가치를 잘 알아주는 중심적 권위가 존재하지 않는 자본주의를 싫어한다. 자신의 탁월함을 인정받지 못했다는 점unrecognized superiority 때문에 사업에 실패한 기업가나 노동자보다 글로 먹고사는 지식인들이 자본주의에 더 큰 적대감을 갖는 것이다.[25]

25 Nozick, Robert, "Why Do Intellectuals Oppose Capitalism?", *CATO Policy Report*, Vol.XX(no.1), Cato institute, 1998.

자본은 노동의 적이 아니다

좌파의 사고는 '소수 자본가 vs 착취당하는 다수 노동자'의 대립을 전제로 한다. 전자는 생산수단 특히 화폐자본을 소유한 자이고 후자는 오직 육체노동을 제공하는 주체라고 보는 마르크스의 이분법적인 사회관이다. 외견상으로는 마르크스주의를 버렸다고 주장하는 경우에도 이런 사고의 관성은 남아 있다.

그런데 오늘날 자본시장의 재원, 곧 자본은 어디에서 나온 것인가? 이는 소액 투자자와 거액 투자자로부터 나눠 나온다고 볼 수 있다. 전자는 마르크스적 자본가와 아예 거리가 멀다. 후자에서도 특히 이른바 '연기금기관(연금 및 기금)'이 차지하는 비중이 매우 높으며 주요 거대기업의 최대 주주도 바로 '국민연금'과 같은 연기금기관이다. 자본시장에서 자본의 압도적 비중은 과거에 마르크스가 연상한 '돈으로 돈을 버는 소수 자본가'에게서 나온 것이 아니라 연기금·기여금을 납부한 수많은 봉급생활자, 자영업자, 저축을 하는 모든 정규직 및 비정규직 노동자들이 낸 돈에 의존하고 있다. 오늘날 자본시장을 보자. 기업가들은 은행에서 자본을 융통하여 사업을 한다. 은행의 예금은 소수 자본가만 저축한 것이 아니다. 요구불 및 저축성 계좌를 가진 노동자들을 포함한 수많은 개인의 저축이 예탁되어 있으며 그 돈이 기업에 자본으로 제공된다. 노동자의 돈이 곧 자본이 되는 것이다.

때로는 노동자가 투자를 직접 하기도 한다. 특히 1974년 이후 도입된 '우리사주제도'는 노동자가 곧 자본가란 점을 가장 극명하게 보여준다. 노동자는 출근하기 전 신문을 통해 자신이 다니는 기업의 주가 상승 소식을 기대한다. 그러고 나서 노동자로 출근한 산업 현장에서는 때로 '자본의 횡포를 박살 내자'는 플래카드를 들고 강경 노동쟁의로 기업가와 맞선다. 그다음 날 노사분쟁 때문에 바로 자신이 '우리사주'로 있는 그 기업의 주가가 내려간 것을 조간신문에서 확인한다. 자본가 혹은 기업가를 공격하는 것이 곧 자신을 공격하는 것이 되어버렸다. 이렇듯 소수의 자본가가 다수의 노동자를 억압한다는 19세기 마르크스적 구도는 오늘날과 전혀 맞지 않는다.

노동자가 자신이 소속된 기업이 아니라 다른 기업 주식에 투자한 경우도 마찬가지다. 자신이 소속된 기업에서는 강경 노사분쟁으로 기업으로부터 많은 이득을 얻어 내기를 희망하지만 자신이 투자한 다른 회사에서는 강경 분쟁으로 주가가 떨어지는 일이 없기를 희망하는 이중적 행태를 보인다. 그러나 이런 식으로 각 기업 속 노동자들이 행동한다면 이른바 '집합적 행위의 문제'가 나타나고 그 결과 산업 전반에서 노사분쟁이 격화되어 기업은 결국 외국 진출을 택한다. 결과적으로 노동자로서의 그는 임금을 받을 기회도 없어지며, 투자자로서의 그는 주식에서 얻을 이윤도 낮아진다. 오늘날 경제구조에서 우리는 모두 이미 기업가(박종운) 혹은 자본가(최승노)가 되어 있는 것이다. 이 상황에서 자본에 대한 가학sadism은 곧 자학masochism일 뿐이다.

또 다른 국면은 자본-노동의 의미 변화다. 자본-노동의 주체가 중복됨을 넘어 이제는 자본-노동의 본질 자체가 융화되고 있다. 인적자본 개념이 보여주듯이 노동과 자본은 대립하는 별도의 생산요소가 아니라 밀접히 결합되어간다. 임금은 노동에 대한 자본으로 결정되는 것이 아니라 노동의 질, 즉 지식, 교육훈련, 건강, 정보 등 개인의 노동 속에 용해된 인적자본 스톡 크기에 의해 결정된다(Gary S. Becker, Theodore W. Schultz). '자본으로서의 노동'을 주목해야 하는 시대에 들어선 것이다. 지식기반 사회에서 이러한 국면은 더욱 심화될 것이다.

미제스가 본 반자본주의 심성(Anti-Capitalistic Mentality)

신분 사회에서는 자신의 실패 원인을 태생적으로 낮은 신분 탓으로 돌릴 수 있다. 그러나 자본주의 사회에서는 신분이 아니라 각인의 장점과 성취에 따라 보상을 받는다. 각인에게 가장 바람직한 지위에 오를 기회를 주지만 그 지위에는 단 몇 사람만이 도달한다. 여기에 도달하지 못한 사람은 자신의 좌절된 야망에 대한 원한resentment을 가진다. 그 지위에 이르지 못한 실패가 전적으로 자신의 책임이라는 것을 알려주는 내면의 소리를 듣지 않기 위해 자본주의에 대한 원한을 하나의 철학, 곧 반자본주의 철학으로 승화한다.

자신은 높은 가치를 지닌 사람인데 불행히도 이 사회는 그것을 알아주지 않으며 부정직하고 파렴치한 악당, 사기꾼, 조악한 개인주의자들에게 보상을 준 것으로 생각한다. 자신이 실패한 것은 정직했기 때문이며 이에 비해 성공한 자들은 천박한 술수로 부를 얻었다. 자신도 그런 식으로 성공할 수 있었지만 '미덕과 빈곤' 대 '악덕과 부' 중에서 자신은 후자를 버리고 전자를 택했다고 생각한다. 이렇게 생각하는 것은 성공하지 못한 사람들로 하여금 '자기 책임의 원리'가 내리는 판결에서 벗어나게 해준다. 자신의 능력이나 성취의 부족이 아니라 자본을 가진 자들의 횡포 때문이라는 위로는 임시적이나마 도덕적인 자신감을 준다.

자본주의에 대한 원한은 몇 가지 분야에서 두드러진다. 지식인은 똑똑한 자신보다 천박한 장사치나 딴따라가 더 많은 수입을 얻게 하는 자본주의에 적대적인데 이는 앞에서 보았듯이 슘페터도 같은 시각이다. 화이트칼라 노동자들은 자본주의가 자신의 지적인 업무의 참가치를 몰라주며 '무식한 자'들의 단순하고 천박한 노동에 더 높은 보상을 준다고 불만을 갖는다.

우리 사회의 일부 대기업에서 벌어지는 오너 상속에서 보듯이 성공한 기업가의 친인척과 후손 중 기업 후계자로 낙점받지 못한 자들(미제스는 이들을 '사촌들'이라 부른다)은 자본가적 역할의 가치에 무지한 채 끊임없이 상속에 관한 소송을 벌이며 이 상태를 만든 자본주의를 증오한다. 그중 일부는 반자본적 저널리즘을 지원하며 연구소와 대학에 돈을 댄다. 또 하나 주목할 국면은 연예계의 반자본주의적 정서다. 본래 연예계에 관심을 두는 대중은 금방 권태로움을 느끼며 끊임없이 새로운 것을 찾는다. 소비자인 이들의 비위에 맞추기에 급급한 연예인들은 언제나 그들의 관심

밖으로 밀려날 것이란 불안 속에 산다. 연예인의 돌연한 자살은 이러한 스트레스와 무관하지 않을 것이다. 연예계 인물치고 좌파 이론을 체계적으로 공부한 사람은 별로 없으면서도 육체파 여배우, 무용수, 코미디언, 가수, 제작자들은 이러한 불안의 원인을 시장경제의 경쟁 때문이라고 믿는다.[26] 특히 엄청난 소득을 얻는 소수 톱스타를 제외하고 대개 저소득을 받는 연예인들이 반경쟁 및 반자본적 정서에 기울어지기 쉽다. 소설가들도 한몫한다. 미제스가 '사실상 사회주의 설교'로 본 에밀 졸라의 작품, 찰스 디킨스의 작품, 존 스타인벡의 음울한 글들, 한국의 카프KAPF 문학에서부터 가까이는 조세희와 조정래에 이르기까지 큰 줄기로 이어진다.

슘페터가 본 반자본주의 심성: 사회주의는 '원한'에서 기인한다

슘페터는 자본주의에 대한 원한을 열등한 다수가 탁월한 소수에 대해 품는 적개심, 성공한 소수에 대해 성공 못 한 다수가 갖

---

26 Mises, Ludwig von, *The Anti-Capitalistic Mentality*, Libertarian Press Inc, 1972, 24~26쪽.

는 반감에서 찾는다. 슘페터는 반기업가 정서를 자본주의의 고유한 속성이라고 규정한다. 자본주의를 성공하게 하고 그에 활력을 주는 역동성 자체, 즉 새로운 기업가의 등장, 혁신의 성공은 그러지 못한 상태에 머무르는 사람들의 상대적 몰락을 의미한다. 그러나 이러한 정태적 상태 계층의 몰락은 역동적 자본주의의 불가피한 측면이다(창조적 파괴). 그러나 몰락한 당사자들은 자본주의를 증오한다.

'자본주의는 그 자신의 반대자를 창조한다'고 본다는 점에서 마르크스와 슘페터는 동일하다. 다만 마르크스는 그러한 반대자가 물질적인 궁핍 때문에 오는 것으로 본 반면에 슘페터는 물질적인 궁핍보다는 기업가정신의 역동성에 대한 심리적인 원한 혹은 증오 때문으로 봤다. 니체풍의 이러한 원한의 근거가 도덕적으로 합당한 것은 아니지만 그것이 우리 시대에 자본을 악이라 보는 적대감의 원천이다. 그러나 원한은 적을 파괴할 수는 있어도 나의 성숙과 발전에 기여하지는 못한다.

결론

자본주의·자본·자본가란 용어는 마르크스가 선제적으로 규정한 것이며 그 영향으로 많은 사람이 모욕적인 의미로 사용하고 있다. 하지만 그것은 인류의 생활수준을 획기적으로 향상시켜 놓았으며 자본 없이는 어떤 기술진보도 이런 변화를 가져올 수 없었다.[27]

자본주의 사회에서는 신분이 아니라 각인의 장점과 성취에 따라 보상받을 수 있다. 각인에게 가장 바람직한 지위에 오를 기회를 주지만 그 지위에는 몇 사람만이 도달한다. 여기에 도달하지 못한 사람은 자신의 좌절된 야망에 대한 원한을 갖는다. 자본이 곧 도덕의 타락을 초래하는 것도 아니다. 자본을 특정 음모집단이 소유한 만악萬惡의 근본으로 보는 것도 타당한 것이 아니다.

정치권력은 경제위기 때 자본가가 위기를 초래하는 적이라고 간주하는 태도를 취하는 경향이 있다. 일부 종교 지도자의 태도도 원한을 강화한다. 지식인들은 자신의 내적 우월성을 무시하고 오로지 능력과 성과만으로 보상하는 것처럼 보이는 자본주의에 적대적이다. 이러한 심리적 상태는 연예인, 화이트칼라 노동자, 문학가에 이르기까지 광범위하게 자본을 적대시하는 진영으로 유도한다. 오늘날과 같이 고도화된 자본주의에서 자본과 노동의 소유자는 중복된다. 우리는 모두 이미 기업가 또는 자본가이기 때문이다. 또 '인적자본'에서 보듯이 자본과 노동의 개념도 융화되고 있다. 노동만이 가치를 낳는다는 고전적인 자본-노동의 이원론적 시각은 재검토되어야 한다.

여러 요인에 의해 자본에 대한 원한이 만연해 있다. 자본에 대한 원한이 합당한가? 이보다 '그것이 왜 나타나는가?'가 현실적으로 더 중요하다. 이 글에서는 그러한 원한이 왜 나타나는가를 설명하고자 했다. 자본 없는 노동만의 경제는 아예 자본주의 이전 사회로 귀결할 뿐이다. 노동과 자본에 각각의 정당한 몫을 인정하고 그에 대한 재산권을 인정하는 것이 자본에 대한 원한을 바로잡는 토대가 될 것이다.

---

27 같은 책, 30~31쪽.

제2부

자본에 대한 올바른 해석

제1장

우리 모두는 자본가다

최승노
자유경제원 부원장

자본주의는 계층 이동을 활발하게 하는 체계

우리는 자본주의 사회에서 살고 있다. 이는 자본이 근본적인 역할을 하는 체제이며 그런 방식이 인류 삶의 본질에 가장 잘 부합함을 의미한다. 자본주의로 성공적인 삶이 가능해졌으며 개인의 성공이 모여 다시 자본주의를 더욱 성숙시켰다. 오늘날 자본주의 사회에서 살아가는 모든 개인은 자본가의 역할을 한다. 자신이 가진 예금, 주식, 보험금, 자원, 지식, 경험, 기술, 노하우 등을 자본으로 활용한다. 사회에서 어느 정도로 평가받을지는 불확실하지만, 기여한 만큼 그 대가를 받는다.

노동력을 제공하면서 대가를 받는 부분만을 생각한다면 노동자라 볼 수 있지만, 지식자본주의 시대에서는 그런 노동 제공 행위 또한 자본을 제공하는 부분에 포함된다. 따라서 노동을 포함한 모든 경제행위를 통해 우리는 자본가로 살아가고 있다.

더 나은 미래를 원한다면 자신이 자본가임을 인정하고 자신의 자본을 어떻게 늘릴 것인지 고민해야 한다. 그러려면 자신의 자본을 어떻게 축적할지, 얼마나 가치 있는 일에 자신의 자본을 투입해야 할지 판단할 수 있어야 한다.

부익부 빈익빈이라는 말을 들어보았을 것이다. 부자는 더욱 부유해지고 가난한 사람은 더 가난해진다는 말인데 두 가지 모두 자본주의의 특성과는 거리가 멀다. 자본주의는 모두에게 부富의 길을 열어주기 때문이다. 누구든 사회에 기여하고 성과를 낸 만큼 결실을 얻을 수 있다. 부익부 빈익빈이란 자본주의가 발전하기 전의 시기에 심각하게 나타난 현상이며 자본주의 사회에서 그러한 현상은 확연히 줄어들었다.

인류의 역사를 돌아보면 자본주의가 발달한 사회에서 신분의 변동성이 가장 활발하다는 것을 알 수 있다. 자본주의 이전 시기에는 권력을 차지하기 위한 싸움이 만연했다. 누군가 권력을 차지하면 정치권력을 독식하고 이를 통해 경제를 통제했다. 그런 사회에서는 권력에 따라 경제적 여건이 결정됐다. 지배계층은 부를 누렸고 피지배계층의 가난은 대물림됐다. 당시의 사회는 자본주의와 달리 권력과 경제력이 세습되고 변화할 수 없는 구조였다.

과거 왕권과 귀족정치 시대에는 권력과 전통에 의해 세습된 신분을 기반으로 경제활동이 이루어졌다. 그러나 자본주의 개념의 도입과 확립에 따라 과거 왕과 귀족만 누렸던 사치품을 누구든 누릴 수 있게 됐다. 예로 '검은 금'이라 불렸던 후추를 들 수 있다. 중세 유럽에서는 후추가 값비싸고 귀해서 왕과 귀족만이 구입할 수 있었다. 가난한 사람은 후추를 살 엄두도 낼 수 없었다. 그러나 시간이 지나 산업이 발달하고 후추가 보편화되면서 누구나 후추를 구입해서 쓸 수 있게 됐다. 이처럼 자본주의는 정치권력으로부터 사람들을 해방하고 누구나 풍요롭게 생활할 수 있도록 해주는 정의로운 체제다.

자본주의가 활력 있는 사회

자본주의가 발달하면서 사람들의 삶이 획기적으로 개선되고 사회의 활력도 높아졌다. 하지만 자본주의에 대한 비판 세력도 등장했다. 바로 사회주의다. 가장 극단적인 경우가 공산주의 국가였고 주로 자본주의가 발달하지 않은 가난한 나라들이 공산주의 국가가 됐다. 자본주의가 어느 정도 뿌리내린 나라들은 대부분 공산주의 국가로 전락하지 않고 사회주의 방식을 부분적으로 도입했다.

특히 유럽은 미국에 비해 상대적으로 많은 나라가 사회주의 방식을 도입했다. 물론 미국도 20세기에는 사회주의 방식을 상당 부분 도입했다. 흔히 '혼합자본주의' 또는 '수정자본주의'라고 부르는 체제로 자본주의에 사회주의를 부분적으로 가미했다는 말이다. 또 유럽이 사회주의 방식을 줄이고 다시 자본주의 방식을 확대하면서 내놓은 표현이 '제3의 길'이었다. 공산주의, 사회주의, 수정자본주의는 사회주의를 얼마만큼 도입했느냐에 따른 표현이다. 사회주의 방식을 많이 도입할수록 사회의 활력은 떨어진다. 공산주의는 과거 왕조 사회처럼 계급에 따른 분배와 통제가 이루어지기 때문에 사회에 활력이 거의 없다. 사회주의 또는 수정자본주의도 사회주의를 도입한 만큼 그 분야에 활력이 떨어진다. 즉 사회주의 성향이 강할수록 부익부 빈익빈의 고유한 현상이 심각하게 일어난다. 부자는 권력의 세습을 이용해 여전히 부를 누리고 빈자는 그대로 빈자에 머물게 된다.

반면 자본주의 사회에서는 활력이 넘치고 계층의 변화가 크다. 시장을 통해 새로운 승리자가 나타나며 영원한 승자는 없다. 판매자는 서로 경쟁을 함으로써 더 나은 서비스를 제공한다. 소비자의 마음을 사로잡는 사람이 경쟁에서 이기며 이익을 취한다. 그러나 경쟁에서 승리한 상황에 안주할 수는 없다. 끊임없이 등장하는 잠재적 경쟁자와의 경쟁에서 우위를 차지하기 위해 부단히 경쟁력을 길러야 하기 때문이다. 이것이 자본주의의 기본 원리다. 그런 자본주의 원리에 충실한 사회에서는 신분과 계층의 변화가 크다. 특히 새로운 산업이 나오면 새로운 부자가 나오게 된다. 부자가 더 큰 부자가 되는 것이 아니라 새로운 부자가 기존의 부자를 제치고 더 큰 부자가 되는 사회가 바로 자본주의다. 반면 가난한 사람은 새로운 부자의 출현으로 생활수준이 나아진다. 그리고 노력의 결과에 따라 부자가 되는 성공이 빈번히 일어난다. 자본주의에 사회주의 요인을 섞기보다 순수 자본주의를 유지하는 것이 개인과 사회를 위한 올바른 길인 셈이다.

때로는 노력한 만큼 결과가 나오지 않을 때도 있지만 대부분의 경우 결과는 노력을 배신하지 않는다. 야구선수 이승엽에게는 '진정으로 흘린 땀(노력)은 결코 배신하지 않는다'는 좌우명이 있다. 진정한 노력의 중요성을 일깨우는 말이다. 목표를 향해 정진하다 보면 반드시 원하는 바를 이룰 수 있다는 순수한 마음가짐, 그리고 그것에 온 힘을 쏟는 열정이 성공의 전제조건이라는 뜻이다.

과거와는 달리 개천에서 용 나는 일이 드물어졌다고들 한다. 하지만 자세히 보면 개천이 줄었다. 과거에는 모두가 가난했었다. 그래서 성공한 사람 대부분이 개천에서 나온 용이었다. 또한 사람들이 성공이라고 하는 기준이 다양해졌다. 자본주의가 발전하면서 지금은 과거의 기준으로는 성공이라 할 수 없는 다양한 분야에서 성공 가능한 길이 열렸다. 연예계, 스포츠 분야가 대표적이다. 판검사, 공무원만을 성공으로 평가하던 과거의 기준으로 세상을 평가하는 것은 곤란하다.

사회주의 실험에 빠지지 마라

소련 공산주의 혁명의 기초이론을 제공한 마르크스는 자본과 노동을 적대관계로 이해했다. 하지만 잘못된 생각이다. 이것이 바로 마르크스 사상의 맹점이다. 자본이 늘어날수록 더 많은 분야에 일자리가 늘어난다. 투자를 가능하게 하는 자본이 일자리 창출의 핵심 요소라는 점에서 서로 비례관계다. 자본이 투자를 통해 노동소득을 올린다는 점에서 자본과 노동은 서로 적대시해야 할 관계가 아니라 서로 돕고 잘 지내야 하는 관계다. 자본은 투자를 통해 노동소득을 올린다. 현실에서 단순히 아르바이트로 버는 용돈부터 산업 현장의 임금까지 모두 자본투자로 발생하는 소득이다. 그래서 자본과 노동은 친구이며 동지다. 자본은 우리의 친구인 것이다.

마르크스는 이윤을 얻는 것을 죄악이라 여겼다. 이 또한 잘못된 생각이다. 사람은 기본적으로 이윤을 추구한다. 사람들은 자영업자처럼 개인사업자가 되거나 여러 사람이 일하는 기업을 만들어 이윤을 추구한다. 따라서 마르크스처럼 이윤을 얻는 것을 비윤리적인 것으로 생각한다면 인간의 본성을 잘못 이해하고 비현실적인 가정에 바탕을 두어 세상을 재단하는 우를 범하게 된다. 사회생활은 본질적으로 경제생활이다. 임금 또는 이윤을 얻어 삶을 책임지고 자립하는 과정이다. 소득과 이윤이 없다면 사람들의 근로 의욕은 떨어질 것이고 일의 생산성도 하락할 것이다. 내가 힘들여 생산한 것을 그냥 가져가겠다는 사람이 있다면 그것은 도둑질과 다름없으며 정의롭지 않다. 사회주의는 '평등사회 구현'이라는 이름 아래 사람들이 가진 것을 빼앗아 그냥 나눠주는 정의롭지 못한 일을 한다. 심지어 사회라는 명분을 내세워 재산을 몰수하기도 하고 이런저런 정치적인 이유로 다른 사람에게 나눠주기도 한다. 그런 사회에서는 누구도 열심히 일하지 않는다. 사회주의 방식을 도입하면 할수록 사회는 침체하고 활력이 줄어든다. 그런 사회주의 실험에 빠지는 것은 우매한 일이다.

공산주의 국가들이 몰락하면서 거대한 사회주의 실험은 실패로 판명 났지만, 21세기에 들어와 다시 마르크스의 망령이 되살아나고 있다. 21세기의 마르크스로 불리는 프랑스 경제학자 토마 피케티를 사람들이 추앙하고 나선 것인데, 이로써 사회주의 향수가 여전하다는 것을 확인한 셈이다. 그는 자본주의가 빈부 격차를 심화시켰다고 주장한다. 또한 심화된 빈부 격차를 해결하기 위해서는 글로벌 부유세, 누진세를 강화해야 한다고 주장한다. 마르크스처럼 경제를 모두 사회화하자고 한 것은 아니지만 대부분을 사회적으로 몰수하자는 소프트 버전을 제시한 것이다. 과연 올바른 주장일까? 이런 사회주의 정책을 현실화하면 어떤 일이 벌어질까? 분명한 사실은 자본을 적대시하는 사회일수록 가난을 향한다는 점이다.

프랑스에서는 고소득자에게 수입의 75%를 세금으로 부과하는 부자증세가 정책으로 채택되기도 했다. 소득세 누진세율을 강화한 것이다. 그 결과 프랑스 국민 배우 제라르 드파르디외Gerard Depardieu 등을 포함한 수많은 국민이 세금 망명을 택했다. 그렇게 부자들이 국가를 떠나니 일자리가 100만 개 이상 사라져 프랑스 경제는 두 자릿수의 실업률과 0%대의 성장률이라는 오명을 남겼다. 2014년 프랑스의 실업자는 350만 명으로 역대 최고치를 경신했다. 부자들이 국가를 떠나자 결과적으로 국가 경제가 기울어진 것이다. 끝내 프랑스는 도입 2년 만에 부유세를 철회했다.

상속은 아름다운 사회적 행위

자본은 단순히 돈만을 의미하지 않는다. 무언가 가치 있는 것들이 만들어지고 또 사용하고 남은 것들이 쌓여 있다는 의미 또한 포함한다. 돈은 그런 가치 있는 것들을 교환할 수 있는 매개체다. 그런 가치 있는 것들을 풍부하게 가진 사회는 풍요로우며 그런 것을 다음 세대에 이전하는 것은 인류에게 축복이다. 헤리티지heritage라는 말은 그래서 멋지다. 유무형의 가치들을 다음 세대에 이전하는 것은 개인의 상속, 사회자본을 통해 이루어진다. 모두 바람직하다. 과거 자본을 부정하게 여기고 상속을 나쁘게 보면서 고율의 세금을 부과하는 사회주의의 함정에 빠진 나라들이 있었다. 이제는 대부분의 나라에 상속세가 없지만, 여전히 고율의 상속세를 부과하는 나라들이 있다.

결론부터 이야기하자면 상속은 나쁜 것이 아니라 사회적으로 바람직한 일이다. 상속은 단순히 돈의 의미를 넘는다. 기술, 노하우일 수 있으며 생산방식이나 기업일 수도 있다. 이것들을 물려주는 과정에서 자본은 살아남아 그 사회에 유익을 전달한다. 일본에는 200년 넘게 유산을 상속하면서 가업을 잇는 사람들이 있다. 유럽도 기업을 상속하면서 사회의 자본이 줄어들지 않도록 하고 있다.

우리가 벌어서 쓰고 남은 것을 다음 세대에 물려주는 것은 멋진 삶을 살았다는 증거다. 자본의 상속을 부정적으로 보는 것은 삶을 부정하는 것이나 마찬가지다. 자식을 위해 자신이 벌어서

쌓은 재산을 물려주는 일은 바람직한 일이며 사회적으로도 가치 있고 모두를 이롭게 하는 일이다. 상속은 인간 본성에 부합하는 아름다운 사회적 행위다. 이는 자본의 축적 과정이기도 하다. 반면 빚을 물려주는 사람들이 있다. 후손에게 빚을 물려주는 일은 몰염치한 일이기도 하고 소망스럽지 않은 일이다. 특히 복지병에 빠져 막대한 부채를 다음 세대에게 전가하는 일은 사회라는 이름 뒤에 숨어 부도덕한 짓을 하는 것이다.

상속을 부의 대물림이라고 부르며 비난하는 사람들이 있다. 잘못된 비판이다. 대물림은 세습을 의미하는 것으로 자본주의가 아닌 다른 체제에서 더 흔히 일어난다. 계급사회에서는 신분이 대물림되고 그런 권력의 대물림에는 경제 능력도 포함된다. 인류는 그런 대물림 사회를 벗어나 이제 자본주의라는 해방된 공간에서 살고 있다. 과거 노예제도를 폐지시킨 것도 자본주의가 발달하면서 가능했던 일이다.

왕정이나 전체주의 체제에서는 특정 지도자나 집권층에 권력이 집중됐다. 그들은 세금을 거두는 권력을 이용해 경제를 통제했고 자신들의 권력을 이양함으로써 부까지 대물림했다. 그런 사회에서 1등 부자는 늘 최고 권력자의 몫이었다. 이렇게 대물림된

부는 온전히 왕정의 사치스러운 생활과 보호에만 쓰였다. 왕정을 겪어본 우리 사회의 통념상 상속에 대해 부정적인 생각을 가질 수밖에 없다. 하지만 우리는 생각을 바꿔야 한다. 자본주의 체제에서의 증여와 상속은 자본을 쌓는 일이기 때문이다. 이를 통해 사회 기반이 안정된다. 마치 국가의 사회간접자본처럼 민간의 사회간접자본으로 쌓인다. 미래를 위한 자본의 축적인 것이다. 자본을 쌓는 상속이야말로 총자본량을 늘리는 지름길이다. 자본이 늘어나야 노동의 범위가 확대되고 더 많은 일자리 창출이 가능하기 때문에 사회적으로 기여하는 일이기도 하다. 따라서 상속은 장려할 일이며 고율의 세금을 부과해서 벌줄 일이 아니다.

자본주의 체제에서 자본은 성공의 결과인 수익이 쌓이면 만들어진다. 소득을 버는 과정에서 소득세를 낸 것이라 자본은 이미 세금을 낸 자금이다. 이 자본을 상속하려 할 때 다시 상속세라는 세금을 부과하는 것은 이중과세에 해당하며 바람직하지 않다. 상속세 부과는 개인의 자본을 소멸시키는 부정적인 효과를 내기 때문에 세수 증가를 고려하더라도 사회적으로 폐해가 더 크다. 상속세 때문에 가진 자본을 아예 소비해버리거나 법망을 피해 제3자에게 증여하는 등의 개인 행위로 말미암아 자본은 어둠 속으로 숨게 된다. 그런 과정에서 자본은 소멸되고 사회는 자본이라는 민간경제의 사회적 기반을 잃게 된다.

사람을 가치 있게 만드는 자본

자본이 있어야 사람도 가치가 있다. 사람이 사람답게 살 수 있는 사회는 자본이 많이 축적된 사회다. 자본이 없는 세상은 소비와 생산활동을 이어나가기 힘들고 인간의 생계도 위협받는다. 단적인 예로 원시사회를 보면 알 수 있다. 채집과 수렵생활이 있었지만 재산권(자본) 보호 개념이 없어 약탈이 빈번히 일어났던 시대였다. 지금은 자본주의가 발전하면서 개인의 자본소유권이 보호받고 있기에 인간답게 살 수 있는 환경이 됐다.

인류가 신분제 사회에서 벗어나 자본주의 시대를 맞이하면서 누구나 부를 향한 경쟁에 뛰어드는 것이 가능한 환경이 됐다. 또한 일부 계급이 독점했던 것들을 일반인도 누릴 수 있는 여건이 형성돼 개인의 존엄과 평등이 실현됐다. 현대 인류는 새로운 가치를 창출하는 자유를 얻었고 삶은 획기적으로 개선됐다.

인간은 자아실현의 욕구가 있다. 이는 타고난 능력 혹은 성장

잠재력을 실행하려는 욕구다. 달리 말하면 인간은 누구나 성공하고자 하는 욕구가 있다. 자아실현과 맥락을 같이하는 성공의 보상, 또는 결과물로써 자본을 쌓을 수 있다. 자본이 바로 노력의 증거이자 결과인 셈이다. 또한 자본은 사람의 생산성을 높여준다. 대개 사람들은 이익이 눈앞에 있으면 그것을 얻으려고 노력하기 때문이다. 그 결과는 노동생산성의 증대로 이어진다. 예를 들어 땅 파는 일을 삽으로 하는 것과 굴착기로 하는 것에는 엄청난 성과의 차이가 있다. 자본의 투입이 생산성 증대에 지대한 영향을 끼치는 것이다. 노동생산성의 증대는 소득을 발생시켜 더 많은 자본을 창출하고 이렇게 새로 창출된 자본의 재투입은 또 다른 고용 창출을 낳는 선순환 구조를 이룬다.

그러면 아프리카의 많은 나라, 동남아시아 국가, 그리고 중국과 국경을 접하는 나라에 사는 노동자들의 급여 수준은 왜 낮은 것일까? 무엇 때문에 그들은 이민을 가기도 하고 불법체류를 감행하면서까지 돈을 벌기 위해 외국으로 나가는 것일까? 그것은 이들의 빈국에 자본이 축적되어 있지 않고 노동자의 근로 의욕을 자극하는 시스템이 없기 때문이다. 노동생산성이 미약하기 때문에 새로운 자본 창출도 쉽지 않은 상황이다. 즉 자본의 차이가 생산성의 차이를 가져오는 것이다. 그래서 빈국의 국민은 자본축적이 잘된 나라로 가서 돈을 벌려고 한다.

우리 사회는 외국자본을 빌려 투자를 늘리고 개방화를 통해 경쟁의 압력을 높이면서 산업화에 성공했다. 외국자본을 유치하여 생산성을 높이고 기업의 경쟁력 또한 높아졌다. 이러한 전략을 중국과 동남아시아의 국가들이 따라 하면서 그 국가들도 경제성장에 성공했다. 자본을 활용하는 것은 경제를 살리기 위한 좋은 방법이다.

자본에 대한 부정적인 반응은 외국자본의 경우에 더욱 심하게 나타난다. 개방에 대한 거부감과 외국자본에 대한 반감이 어우러져 쉽게 국민 정서를 흔든다. 우리나라도 외국자본이 우리 경제에 들어오는 것에 대해 원초적인 거부감을 여러 차례 보였다. 외국자본이 이익을 얻으면 이를 시기하고 외국 투기자본이라고 여론 몰이를 한다. 투기자본 감시센터의 장화식 대표는 이런 외국자본에 대한 반감을 이용해 쉽게 뒷돈을 챙기기도 했다.

자본은 사회에 이롭다. 투자하기에 좋은 환경을 제공하는 나라에는 자본이 몰려든다. 우리 주변국 중에도 세계의 자본이 투자되는 나라들이 있다. 예를 들어 싱가포르는 우리나라보다 훨씬 많은 외국자본이 투자되는 나라다. 그 결과로 싱가포르는 양질의 세계적인 일자리를 창출해냈다. 이런 투자가 성공하면 더 큰 자본이 생겨난다. 반면 자본에 적대적인 나라에서는 있던 자본도 빠져나간다. 그 결과 일자리가 줄어들면서 사회는 활력을 잃고 결국 경제는 무너진다.

규모의 경제를 가능하게 하는 자본

자본이 쌓이면 그 희소성이 줄어들고 자본 간 경쟁이 커지면서 자연스럽게 수익률 또는 이자율이 하락한다. 이는 전에 가능하지 않았던 투자를 가능하게 한다는 장점이 있다.

또한 자본은 규모의 경제를 가능하게 한다. 이는 지식이 쌓였다는 뜻이기도 하고 큰 규모의 체계를 유지할 능력이 쌓였다는 말이기도 하다. 또 자본을 통해 과거에는 불가능했던 대규모의 새로운 투자를 할 수 있게 된다. 자본은 돈, 실물자산, 사람의 지식 등으로 쌓이는데 이렇게 쌓인 자본은 기계, 공장, 설비 등의 사회간접자본을 이룬다. 이런 사회간접자본은 자본의 증가에 따라 그 규모도 키울 수 있다.

우리나라는 산업화 초기에 대규모의 공장을 지을 자본이 부족했다. 현대그룹 초창기 정주영 회장은 자본의 중요성을 인식하고 이를 직접 해결하는 능력을 보였다. 1971년 조선소를 설립해야 했던 정주영 회장은 영국 바클레이즈 은행Barclays Bank에 차관을 빌리러 갔었다. 그가 돈을 빌려달라고 요청했지만 현대그룹과 한국정부는 돈 갚을 능력이 없다는 이유로 차관을 거절당했다. 이에 굴하지 않고 정주영 회장은 차관을 얻기 위한 추천서를 받고자 A&P 애플도어 엔지니어링 회장 찰스 롱보텀Charles longbottom 회장을 만났다. 정주영은 롱보텀 회장에게 한국 지폐 500원의 뒷면에 그려진 거북선을 보여주면서 500년 전 한국인의 선조는 철갑선을 만들어냈노라며 현대그룹의 잠재력을 과시했다. 또한 꼼꼼하고 세부적인 사업계획서를 보여줌으로써 회장의 마음을 움직일 수 있었다. 그 결과 바클레이즈 은행에서 차관을 빌릴 수 있었고 현대그룹은 이 차관을 통해 오늘날 현대조선을 세계 최고의 조선기업으로 발돋움할 수 있게 한 발판을 마련했다. 현재 현대조선은 세계 최대 규모의 배를 건조하는 시설을 갖추고 있으며 높은 생산성을 보이고 있다.

자본이 축적되고 산업화에 성공한 사회에서는 자본을 활용한 대규모 투자가 가능해진다. 또 높은 생산성에 따라 고소득의 일자리를 창출하고 소비자의 만족을 높인다. 반면 산업이 미성숙한 사회에서는 자영업이나 개인사업자가 주를 이룬다. 우리 사회는 자본을 활용하지 못하도록 규제하고 있어 낙후된 농업과 서비스 산업이 우리 발목을 잡고 있다. 이 분야에 높은 수준의 임금을 제공하는 양질의 일자리가 나오기 위해서는 자본을 활용하는 지혜가 필요하다. 자본을 제대로 활용하지 못한 분야의 경우 소비자가 비싼 가격을 지불하고도 질 낮은 상품과 서비스를 받는 일이 허다하다. 이러한 영세성을 극복하고 소비자에게 일관된 양질의 제품과 서비스를 제공할 수 있도록 해주는 것이 바로 자본이다. 자본은 시설의 수준을 높일 뿐만 아니라 기술과 노동력의 수준도 높인다. 그 결과 과거에는 없었던 수요가 생기고 소비자의 삶은 풍족해진다.

이로써 제조업, 음식료업, 유통업 등에서 소비자는 브랜드를 믿고 마음 편히 소비할 수 있으며 알뜰하게 소비할 수 있다. 이런 성숙한 산업구조는 소비자와 생산자 모두에게 이익이다. 자본을 활용하여 이렇게 대규모 네트워크를 구축한 사업자는 생산성 제고를 통해 높은 품질과 값싼 가격으로 소비자를 이롭게 한다.

자본은 신용사회의 핵심

신용은 자본이다. 경제 거래가 이루어질 때 상호 간의 신뢰는 필수다. 때문에 사업가들이 신용을 목숨처럼 소중히 하는 것은 당연한 일이다. 상업 문화가 발달한 사회는 서로를 믿고 신용을 중시하는 사회다. 시장에서 상호 간의 확고한 신용이 바탕을 이룰 때 장기 거래와 계약 문화가 발전한다. 신용이 쌓이고 이를 바탕으로 하는 거래가 많아지면 금융업이 발전하고 금융업의 발전은 자본의 효율을 더욱 높이며 자본축적과 자본 투자활용의 효율성을 높이는 선순환 구조를 이룬다. 결국 신용이 자본을 창출하는 것이다. 이처럼 자본은 신용의 축적물이기도 하다. 믿고 사는 사회는 바로 신용이 자본으로 축적된 사회를 의미한다.

자본은 우리의 삶과 밀접한 관계가 있다. 우리는 아침에 눈뜨는 순간부터 잠자는 순간까지 자본과 함께한다. 자본을 아끼고 활용하는 지혜를 발휘해야 삶의 질이 개선된다. 따라서 재산이 많은 자산가에게 부유세를 부과하는 것은 바람직하지 못하다. 자본가를 미워하고 세금으로 그들을 억압하려는 태도는 사회를 가난으로 몰아가는 길이다. 또한 자본을 보유한 기업을 규제하여 자본 활동을 위축시키는 것도 바람직하지 않다. 더구나 우리 사회는 최근 사내유보금에까지 세금을 부과하자고 하면서 자본축적을 방해하고 있다. 이러한 일은 사회적으로 해롭다. 이미 세금을 지불하고 남은 자본에 징벌적 세금을 재부과하는 것은 이중과세이며, 자본을 존중하지 않는 행동이다. 자본을 귀하게 여기지 않는 사회는 자본을 오래 묶어둘 수 없다.

자본을 허물어버리고 없애는 일은 쉽다. 게으른 사람이 시간을 낭비하듯이 자본을 적대시하면서 귀하게 여기지 않는 사회에서는 자본이 점차 사라진다. 또한 자본가의 재산을 강제로 빼앗아 다른 이에게 나누어주는 사회주의 정책이 확대되면 사람들은 노력하려는 의지를 상실하고 사회를 이롭게 하는 경쟁이 사라진다. 경쟁이 없는 시장에는 성과도 가치창출도 없다. 이것은 황금거위의 배를 가르고 금맥이 풍부한 광산을 파괴하는 것처럼 사회적으로 해로운 일이다. 자본을 존중하고 적극적으로 활용해야 더 큰 수익을 얻을 수 있고 또 우리의 삶이 윤택해질 수 있다.

우리 모두는 자본가

대개 사람들은 불확실한 미래에 대비하기 위해 저축과 투자를 하고 이를 통해 수익을 얻는다. 그 수익을 통해 또 다른 수익을 창출하고자 한다. 이처럼 실패의 부담을 안고 과감히 경제활동을 하는 경제 주체인 개인들은 모두 투자자이며 자본가다.

현대 사회는 지식의 가치가 중요한 역할을 하는 지식창조 시대다. 지식자본을 잘 활용해야 하는 시대인 것이다. 그런 면에서 개인은 모두 지식창조의 주체이며 경쟁 단위다. 우리 모두는 지식자본가인 셈이다. 국민 개개인은 자신의 노동가치를 높이고 새로운 가치를 창출할 수 있도록 자본가의 역할에 충실해야 한다. 그래야 스스로 성공의 길을 갈 수 있으며 함께하는 사람들도 풍요로움을 누릴 수 있다. 자신의 몸에 체화된 지식과 함께 자신이 보유한 다양한 자본을 활용하는 것은 지식창조 시대에 상당히 중요한 덕목이다. 개인이 자본가로 성공하려면 자본의 활용 가치를 높이는 노력이 필요하다.

자본주의가 발달한 사회에서 개인은 자본가의 역할을 한다. 자신에게 투자하기도 하고 자신의 여유자금을 금융시장에 제공하여 새로운 투자를 가능케도 한다. 개인은 그런 투자행위의 과실을 얻기 위해 자본가로서 매 순간 열심이다. 우리 모두는 자본가다.

제2장

기업가는 누구 돈으로 시장에서 봉사하는가?

박종운
시민정책연구원 연구위원

현대 시장경제에서 자본의 의미는?

자본은 시장에서 소비자에게 필요한 물품들을 제공하기 위한 생산과정 중에서도 가장 중요한 것을 지칭한다.

자본資本은 원래 영어 'capital'을 의역한 것으로 그 영어 단어도 어원을 거슬러 올라가면 라틴어에서 나온 것임을 알 수 있다. 과거 세계의 중심이었던 로마에는 유피테르, 유노, 미네르바 이 3신을 모신 신전이 있는데, 이 신전이 있는 곳이 로마의 일곱 언덕 중 카피톨리누스 언덕이다. 전쟁에서 승리하면 개선식을 했던 로마가 개선식의 종점을 이곳으로 정했을 만큼 카피톨리누스 언덕을 중요하게 생각했다. 바로 여기에서 수도를 'capital'이라 부르고, 미국의 국회의사당을 'capitol'이라 부르는 것이 비롯됐다. 가장 중요한 것을 가리킨다는 의미로 파생된 'capital'은 시장경제에서도 가장 중요한 것을 일컬을 때 붙이는 이름이 됐다.[1]

유교문화권에서도 식량을 생산하는 농업을 가리켜 가장 중요하다는 뜻으로 농자 천하지대본農者 天下之大本이라고 했는데, 이런 맥락에서 'capital'을 자산 중에 가장 중요한 것이라는 뜻에서 '자본'이라 번역했다고도 한다.

그런데 마르크스는 자본을 라틴어의 가축 머릿수로 설명했다. 그는 중앙아시아 유목민들이 가축cattle의 머릿수를 중요하게 여겼기에 자본이 그 '머리caput'라는 말에서 나왔다고 밝혔다. 산업혁명을 이야기하면서 왜 중앙아시아 유목민의 가축 은유를 가져다 썼는지는 의아하지만, 마르크스는 어쨌든 이런 은유를 통해서 가축이 새끼를 낳듯이 자본도 자동으로 새끼를 친다는 생각을 전개했다. 개가 꼬리를 흔드는 것이 아니라 꼬리가 개를 흔든다는 말이 있듯이, 은유가 현실의 사고를 지배해서 자본의 자동증식이라는

---

1 Merriam-Webster Dictionary의 'Capital' 설명을 참고했다.

잘못된 논리적 전개가 이루어진 것으로 보인다. 필자는 자본을 가진 사람이나 기업이 흥망성쇠를 겪는다는 게 현실의 본모습이고 자본의 자동증식은 실제 현실과 맞지 않는다고 본다. 그래서 마르크스의 이런 어원 설명을 받아들이지 않을 것이다.

그러면 시장경제에서 가장 중요한 자본의 실체는 무엇인가? 그것은 시장 지향적 생산을 하는 데 필요한 자원들을 동원하는 힘mobilization power이다. 화폐money는 좋은 것goods 중에서도 시장성marketability이 가장 높은 것이다. 화폐가치를 떨어트리는 화폐에 대한 정부의 인위적 조작이 없다는 것을 전제로 하면, 또 가뭄 기근 사막에서의 경우와 같이 극단적이고 예외적인 경우를 제외하면, 시장성이 높은 화폐는 일상적으로 필요한 모든 좋은 것들과 바꿀 수 있는 안정적인 힘을 가진다. 그래서 통속적으로는 화폐가 자산 중에서 가장 중요한 것貨幣 資産之大本=資本의 현실 모습으로 간주할 수 있다. '돈이면 귀신도 부린다'는 말이 있는데, 이 속담이 그 어떤 말보다도 '부리는 힘'을 정확하게 이야기해주고 있다.

보통 자본을 이상한 추상적 실체로 생각하는 경향이 있지만, 현실에서는 이처럼 '화폐로 표현된 좋은 것들의 합'이나 다름없다. 그래서 시장성이 있는 화폐로 구성된 자본은 화폐적인 모습이 아닐 때 자본재capital stock의 모습으로 존재한다고 할 수 있다. 혹은 실물자본이라는 말을 쓰고 그것을 형태에 따라 고정자본, 운전자본, 유동자본 등으로 분류할 수 있다. 시장경제 속에서 정부의 인위적인 조작이 없다면, 화폐를 저축한다는 것은 실물에 대한 구매력purchasing power을 저축하는 것이기에 이는 곧 실물을 창고에 저축한다는 것과 같은 의미다. 오스트리아학파 경제학자 미제스는 "개인이 소비를 위해 화폐를 쓰지 않고 그것을 저축할 때마다, 저축 과정은 자본축적 및 투자의 과정과 완전히 일치한다"고 했는데, 현실에서는 이처럼 화폐의 저축이 사실상 자본축적과 동일시될 수 있다.

그런데 명령(order: 주문)생산 체제에서 시장을 겨냥한 투기적(speculative: 예측행동적인) 선先생산 체제로 들어오면서 자본축적이 더 중요해졌다. 자본축적으로 사람들은 더 오랜 기간을 버티고 선생산에 나설 수 있게 된 것이다. 공장제 수공업manufacture 시기에 자본은 개인들이 저축을 통해서 마련했다. 하지만 시장생산이 소비자들에게 더 환영을 받으면서 생산 규모도 더 확장되자 기계제 공장factory에서는 타인자본을 사용하는 일이 일상화됐다. 여기에 은행업과 주식회사 제도의 발달이 더 큰 규모의 자본을 활용케 하는 결정적 계기가 됐다.

은행업 및 주식회사의 발달로 타인자본의 활용이 가능해졌다

먼저 타인자본을 활용하는 중요한 매개체인 은행업의 발달 과정을 간단히 살펴보자.

1600년대 영국에서부터 사람들은 소비를 억제하고 그것을 저축하되 이전처럼 집 안의 항아리에 묻어놓는 것이 아니라, 믿을 만한 보관업자에게 맡겨놓게 됐다. 화폐보관업자deposit banker도 겸한 금세공업자goldsmith는 금을 보관하는 대신 금 보관증서certificates를 발행했는데, 종이로 된 이 증서를 교환함으로써 시장거래가 더 편리해졌다. 이 관계는 마치 오늘날 은행이 발행한 수표를 가지고 시장거래를 하고 또 언제든지 그 수표를 가지고 은행에 와서 법정 명령화폐fiat money[2]로 바꾸어달라고 할 수 있는 것과 같다. 법정 명령화폐 대신 금으로 바꿨다는 점에서 차이가 있을 뿐이다.

이때 화폐보관업자들은 남이 맡긴 화폐를 다른 사람에게 대부해주고 이자를 받는 방안을 창안해냈다. 이런 방식은 1600년대

---

2 이는 『구약성경』 창세기 1장 3절에서 하느님이 "Fiat lux! et facta est lux(빛이 생겨라! 하시자 빛이 생겼다)."고 했듯이, 국가도 신처럼 중앙은행에게 돈을 만들어내라! 하자 돈이 만들어졌다는 뜻으로 비유하여, 국가의 법정 화폐를 별도로 부르는 말이 되었다.

후반과 1700년대에는 아무런 논란이 없었다. 그러나 1811년 첫 소송이 붙었고(Carr vs. Carr), 당시 밀봉된 봉투에 꼬리표를 단 것이 아니기 때문에 위탁이 아니라 대부라는 결론이 내려졌다. 1848년 폴리와 힐(Foley vs. Hill and Others)의 소송에서는 다음과 같은 판결이 내려졌다.

> "화폐는 은행에 지불됐을 때 아예 주인의 돈이 아니다. 그때 그것은 은행가의 돈이고 그가 그 돈을 요구받았을 때 그에게 맡겨진 비슷한 액수를 지불함으로써 상응한 행위를 하여야 한다. (중략) 은행가가 보관하고 있는 돈은 어떤 의도나 목적으로든 은행가의 돈이며, 그가 좋아하는 대로 그것을 사용하여도 된다. 그는 그것을 사용해도 신뢰를 깨는 죄를 저지른 것이 아니다. 그는 그것을 위험에 빠트린다 해도, 또 그가 위험한 투기에 관여한다고 해도 주인에게 책임을 지지 않는다. 그가 그것을 주인의 재산으로서 유지하거나 다루어야 하는 것이 아니다. 그러나 물론 은행가는 그 액수에 대해서 책임을 져야 한다. 왜냐하면 그가 그렇게 계약했기 때문이다."

이에 대해 로스바드Murray Rothbard는 고객과 은행의 관계를 보관료를 주고 맡긴 '위탁 수탁 관계'가 아니라, 이자를 주고 빌린 '채권 채무 관계'로 본 이 판결이 잘못된 것이라고 지적했다. 로스바드의 지적에도 불구하고 이 판결을 계기로 은행에 대한 예금 행위는 위탁 수탁 관계가 아닌 채권 채무 관계로 성격이 바뀌었다.

더구나 가짜 증서를 몰래 추가 발행해도 일시적으로 상환 요구를 받지 않는 한, 또 그것이 들통나지 않는 한, 은행에 이익이 된다는 발견도 이루어짐으로써, 부분지불준비금제도도 정착되었다. 로스바드의 표현대로 '위조화폐 증서'를 몰래 발행하는 현상은 결국 문제가 됐고 이를 규제하자는 주장이 등장하면서 일대 논쟁이 일었다. 그것이 바로 통화학파currency school와 은행학파banking school 간의 논쟁이다.

논쟁의 결과로 영국은 1844년 필 은행법Peel's Bank Act를 제정했다. 필Robert Peel 수상 때 제정된 이 조례는 통화학파의 손을 들어주어 예금보다 증서를 초과 발행하지 못하도록 부분지불준비금제도를 원칙적으로 부정했지만, 절충적으로 3개월 이내에는 수표를 발행할 수 있도록 했다(은행학파의 부분적 승리). 즉 은행은 통상적으로 100% 지불준비금을 갖춘 상태에서만 예금증서로서의 지폐를 발행할 수밖에 없지만, 3개월 내에는 은행 임의로 요구불 수표check on demand 형태의 자기 화폐를 추가 발행할 수 있는 '자유'를 누리게 됐다.

은행학파에게 부분적 승리를 안겨준 이 실수를 계기로 주기적인 금융위기의 도래가 시작됐다. 더군다나 필 은행법이 1914년 금본위제와 함께 폐지되면서, 부분지불준비금제도가 다시 부활했다. 즉, 금의 뒷받침을 받지 못하는 중앙은행의 법정 명령화폐를 쓰게 하는 대신, 은행업의 소원인 부분지불준비금제도도 확대 인정하는 절충이 이루어진 것이다. 이후 주기적인 금융위기의 규모는 훨씬 더 커졌다. 이처럼 초기에는 부분지불준비금제도가 원칙적으로 금지됐지만, 오늘날에는 일상화됐다.

은행업에서 이러한 부분지불준비금제도는 가공의 신용을 창조하는 것이다. A의 돈 100만 원을 차입한 은행은 그의 돈을 B에게 중개하여 대출을 해주는 것이 아니라, A에게 언제든지 찾아갈 수 있는 권한을 준 채(10% 부분지불준비 시) B에게 90만 원을 대출해주기 때문에 가공의 신용 90만 원을 만들어낸다. 이를 무한히 반복하면 실제 명령화폐는 100만 원뿐인데도 900만 원의 신용이 추가로 불어나, 시장에서는 무려 1,000만 원이나 통용되는 마술과 같은 상황이 일어난다. 이는 저축을 기반으로 더 큰 규모의 자본을 생성시켜서 필요한 사람들에게 '더 많은 대출'을 '더 값싸게' 제공할 수 있는 토대로 작용하기도 하지만, 순환 고리에 펑크가 나는 순간 은행에 돈을 맡긴 사람들이 자기 돈을 되찾으려고 달려오는 뱅크런bank run을 초래한다. 금융위기는 이제 주기적인 것이 됐다.

주식회사의 발달도 타인자본을 더 적극적으로 활용하는 계기가 됐다

시장봉사자들의 사업 형태도 가계경제household economy에서 가계들의 결사체인 회사경제company economy로 나아갔다. 회사경제에는 각각의 저축을 모아 시장봉사를 하는 결합 방식으로 합명회사(무한책임+무한), 합자회사(무한+유한), 유한회사(유한+유한), 주식회사(유한+이사와 감사+지분거래의 자유)가 있는데, 그중에서도 가장 중요한 것은 더 큰 자본을 활용할 수 있게 된 주식회사다. 책임 범위를 제한함으로써 회사들은 더 많은 자본을 동원할 수 있게 됨은 물론 더 모험적인 사업도 시도할 수 있게 됐다.

주식회사 제도의 발전은 문명 발전의 속도를 더 높였다. 이것은 기업이 규모가 커질수록 자기자본에만 의존해서는 발전 속도가 더디기 때문에, 타인자본을 동원하여 이에 대응하지 않으면 안

된다는 사실을 방증한다. 예컨대 대한민국 대기업을 대표하는 삼성전자의 경우, 회장인 이건희의 주식 보유 비중은 현재 약 4%에 불과하다. 그 외에는 모두 타인자본이다. 주식회사의 경우 기본적으로 기업가의 사업기획에 직접 파트너로서 동참하는 경우가 아니면, 성격 면에서는 타인자본을 동원한 것이라고 할 수 있다.

이제는 저축을 하고 주식 투자를 하는 거의 모든 사람은 자본가가 되고 기업가는 그 돈을 활용하는 사람이 되었다. 기업가가 타인자본을 통해서 시장에 봉사하는 사업을 한다면, 이것은 자본주의capitalism가 아니라 (상환의무가 있는 은행 부채든, 상환의무가 없는 주식이든) 타인자본을 사용한다는 의미에서 부채주의(debtism, 혹은 debt capitalism)라고 할 수 있다.

기업가는 타인의 자본을 빌려서 시장에 봉사하는 사람이다

고리대금업이나 수공업과 같은 가계경제 시대에는 대부업을 포함해서 시장봉사업을 하는 사람이 오직 자기가 저축한 돈으로만 일을 도모해야 했다. 그래서 자본가라는 말과 기업가라는 말은 서로 구분하기 힘들 수밖에 없었다.

이러한 사정 때문에 1755년 출판된 『상업 일반의 본성에 관한 논문*Essai sur la Nature du Commerce en Général*』이란 책을 지은 캉티용이 이미 기업가entrepreneur, undertaker라는 말을 만들어내고 그 의미를 일컬어 위험을 떠맡아 사업을 책임지는 사람이라고 했음에도 이후 그 구분은 제대로 이루어지지 못했다. 안타깝게도 그의 책을 읽어보고 1776년 『국부론』을 썼음이 틀림없는 애덤 스미스도 이 용어를 채용하지 않고 고용주employer라는 말을 주로 썼다. 그 이후 세대인 마르크스도 자본가capitalist라는 말을 썼으며, 나아가 자본가가 자본을 가졌기 때문에 이를 근거로 잉여노동 생산물을 독차지하고 노동자들을 착취한다는 논리를 폈다.

그러나 100여 년이 지나서 제번스가 캉티용을 다시 발굴해냄으로써 기업가적 기능이 다시 주목받았다. 또 발라와 멩거도 자본가와 기업가를 구분했다. 최종적으로 이 시대의 가장 위대한 경제학자 미제스가 "이 기업가는 어떠한 자본도 소유하지 않는다. 기업가의 경영활동에 필요한 자본은 화폐 대부 형식으로 자본가로부터 차입된 것이다"라고 주장하면서 자본가와 기업가를 기능적으로 구분하게 되었고 개념적 혼란이 확실하게 정리됐다.

앞에서 보았듯이 은행업 및 기업이 커지면서 자본은 기본적으로 자기자본에서 타인자본의 동원으로 성격이 바뀌게 됐다. 이러한 시기에 미제스의 기능적 구분으로 더욱더 현실 적합성이 높아졌다. 반면 자본의 소유주이기에 착취한다는 마르크스의 자본가 개념은 현실과 더욱 멀어지게 됐다. 이 시대에는 기업가가 가진 돈이 적더라도 타인의 돈을 빌리거나 모집하여 시장에서 소비자에게 봉사하는 일을 도모할 수 있다. 이뿐만 아니라 이 시대에는 수많은 사람이 은행 저축을 통해서, 그리고 주식회사의 지분에 투자함으로써 소액이나마 자본가가 됐다.

여기에 비저Friedrich von Wieser 등 오스트리아학파 경제학자들이 만들어내 널리 쓰이는 기회비용opportunity cost의 개념을 사용하면 기업가의 역할을 더 확실하게 이해할 수 있다. 이 개념은 물리적으로 양陽적인 실實만 전제로 하고 입증 가능성 혹은 반증 가능성을 중시하는 실증주의positivism 철학 아래에서는 생각할 수 없는 것이었다. 그러나 주관적으로 여러 선택지를 갖고 선택하는 현실을 직시하자 비로소 선택되지 않은 선택지, 즉 실체화되지 않은 허虛의 선택지도 고려할 수 있게 됐다. 우리가 포기된 기회forgone opportunity도 고려할 수 있게 됨으로써 기업가의 기능적 역할이 한층 더 명확해진 것이다.

예컨대 10년 만기 국채가 표면금리 연 5%로 이자를 지급한다고 가정하면, 사업을 하지 않고 이 국채를 살 경우 5%의 이자를 받을 수 있다. 따라서 기업가가 사업을 할 경우에 자기자본이 있어서 그 돈을 쓰게 된다면, 실제로 그 과정은 '기업가로서의 자신'이 '자본가로서의 자신'을 설득하여 (즉 스스로 결심하는 과정을 거쳐서) 자신에게서 연 5% 이상의 이자율로 빌려 쓰는 것이다. 이렇게 볼 때, 적어도 '개념적'으로는 기업가를 자신의 시장봉사 기획이 이윤을 낼 수 있다는 전제하에 무일푼으로 사업을 하는 존재로 볼 수 있다.

만일 그 기업가가 시장봉사 사업을 하여 장기적으로 연평균 5%의 수익조차도 내지 못한다면, 그는 타인에게서 빌린 자본에 대한 이자를 감당하지 못함은 물론, 사실상 자본가로서의 자신에게도 이자를 돌려주지 못하게 되는 것이다. 이때 표면적인 자본잠식이 없다 하더라도 기회비용을 고려한다면, 손실을 입는 것이 확실하다. 이 경우 그는 기업가로서 능력이 있다는 것을 인정받기 힘들 것이다. 이처럼 기업가는 (자기저축에 대한 자기설득, 자기대여까지 포함하여) 자본을 모집해 그 자본을 활용하여 시장에서 소비자에 대한 봉사 사업을 하는 사람이다.

노동자도 노조도 회사 지분(주식)을 취득한다면 주식회사의 일원이 될 수 있다. 자본의 성격이 이처럼 변화된 것을 고려할 때, 그들도 자본가의 일원이 된 것이다. 따라서 주식회사의 지분 소유자로서의 노동자 혹은 노조라면, 그들은 막무가내식으로 투쟁하지 않을 것이다. 주식회사의 지분 소유자로서의 노동자 혹은 노조라면 그들도 우수한 기업가와 동맹하려 할 것이고 그에게 소비자가 경쟁적으로 입찰하는 블루오션 지대로 갈 것을 요구할 것이다. 회사 내에서 일하지 않지만 주식을 가진 외부인들도 기업의 차입 이자, 자기자본 이자, 세금 등을 공제한 뒤에 남은 이윤의 크기로 기업가의 능력을 판단할 것이다. 그들은 이 판단에 따라 주식거래소에서 그 회사의 지분을 늘리거나 줄일 수 있다. 그들도 역시 기업가가 블루오션으로 가길 바랄 것이다.

그런데 인류 역사의 거대한 비극이었던 마르크스, 레닌Vladimir Il'ich Lenin의 국가사회주의 소비에트 실험, 그리고 조르주 소렐Georges Sorel의 혁명적 조합주의syndicalism는 시장에서 소비자의 선택을 바라면서 기업가가 타인자본을 빌려서 사용하는 존재라는 점에 주목하지 않았다. 그들은 기업가가 시장에서 소비자의 명령을 예상하고 선제적으로 생산하여 그들에게 봉사하는 '낮은' 존재라는 것도 당연히 깨닫지 못했다. 이러한 인식의 한계는 심지어 기업가의 자녀였던 영국 페이비언 사회주의 지도자 웹 여사Martha Beatrice Potter Webb에게서도 드러났다. 그래서 미제스는 그녀에게 자신의 아버지가 노동자들에게 명령하는 존재라는 것만 보았지, 시장에서 봉사하고 소비자의 명령을 받는 존재라는 것은 보지 못했다고 지적했다. 그러다 보니 이들은 어처구니없게도 착취자로서의 자본가를 타도하고 황금알을 낳는 수단인 생산수단만 몰수하면 된다는 착각에 빠졌다.

그런데 현대에도 기업가를 시장 소비자에 대한 봉사자로 보지 않고 또 자본가를 그런 우수한 능력을 검증받은 기업가에게 투자하는 사람으로 보지 않는 이들이 있다. 이들은 마르크스의 낡은 개념대로 기업가를 자본가로 보고 그를 투쟁과 타도의 대상으로 삼아 차입 자본재로서의 생산수단을 몰수하려 한다. 이렇게 되면 그 투쟁은 실제로 소액 저축자 투자자로서의 일반 시민과 싸우는 것이며 결국 사회주의자들의 승리는 소액 저축자 투자자들의 재산을 몰수하는 것이 된다. 또한 민주주의와 싸우는 것이 된다. 사회주의가 민주주의의 적이 되는 이유가 여기에 있다.

이자율은 시기선호 그리고 신용 등의 반영이기에 어느 정도 자동적일 수 있지만, 이윤율은 기업가가 소비자에게 하는 봉사의 성패에 달린 것이다. 최근 주목받았다가 곧 외면을 당하기 시작한 피케티는 자본수익률 개념을 사용하고 그것을 경제성장률과 비교하여 "돈이 돈을 버는 속도가 사람이 돈을 버는 속도보다 빠르다"고 이야기했다. 그렇지만, 돈이 돈을 번다고 말하려면 오히려 이자율에 대해서 말해야 한다. 자본수익률을 말할 때는 사람과 소비자에 대한 그의 봉사 기획이 돈을 버는 것이라고 말해야 한다. 그다음 이자율이 자본수익률보다 높은지 비교해야 한다. 자본의 공급과 기업활동의 결과는 이를 통해서 비교될 수 있다. 만일 이자율을 기준으로 그것을 상회하면 성공한 기업가이고 그러지 못하다면 실패한 기업가다. 그러나 피케티는 이렇게 하지 않고 이자율과 자본수익률을 하나로 뭉뚱그렸다. 그는 성공한 사업가도 있지만 실패한 사업가도 있다는 것을 보지 않았다. 오직 돈이 돈을 낳는다는 결론을 내리기 위해서 평균을 내고 실패한 사업가에 눈을 감았다.

일정한 신용 위에서는 자본대부에 따른 이자율을 정할 수 있다. 물론 자본대부의 경우에도 대부받은 사람의 사업 능력에 따라, 대부자가 이자는 물론 원금까지 날릴 수 있다. 그렇기 때문에 그런 위험을 고려해야 한다는 의미에서는 자본가도 투자자이고 기업가다. 그러나 신뢰에 기반을 두어 약속된 이자수익을 기대했다는 점에서는 보통 부르듯이 그들을 자본가로 부를 수 있다. 손실 가능성을 더 줄이기 위해서 담보를 잡은 채 대출하는 방식을 추가하기도 하지만, 일단 상환에 대한 신용이 확실하다면 자본가로서 은행, 주주, 자기자산을 투입한 기업가 자신은 대체로 기대한 이자수익을 확실히 챙길 수 있다.

자본투자에 따른 이윤율, 즉 자본수익률이란 말을 할 때 자본이 자동으로 수익을 낳는다는 환상을 갖지 말아야 한다. 어떤 기업가가 시장에서 소비자가 아우성치며 구하려고 하는 좋은 것들을 만들어내면, 그 기업가의 수익률은 높아진다. 만약에 소비자가 찾는 좋은 것들을 제대로 제공하지 못한다면, 그 기업가는 엄청난 자본을 가졌다고 해도 수익률을 높일 수 없다.

예를 들어보자. 스티브 잡스가 컴퓨터에서나 할 수 있었던 각종 작업을 스마트폰에서 애플리케이션으로 구현하자 예약판매 시 예약 구매자들이 줄을 잇고 아우성을 쳤다. 당시 스티브 잡스가 운영했던 회사인 애플은 엄청난 수익률을 기록했다. 그러나 그때까지 세계 휴대전화 판매시장 소비자선택률rate of market share 1위였던 노키아는 엄청난 자본을 가졌었고 또 동원할 수 있었음에도 소비자에게서 서서히 외면받았다. 또 수익률이 떨어지면서 급기야 노키아는 파산에 이르렀다. 이처럼 소비자의 선호 강도를 가지고 애플의 수익률과 노키아의 수익률을 비교할 수 있고 그 원인을 설명할 수는 있어도 그 결과물인 자본수익률 그 자체만을 가지고는 현상만 지적할 뿐 그 원인을 설명하지 못한다. 더구나 두 회사의 자본수익률을 평균한 산업 평균수익률을 가지고서는 현실의 변화 동력을 의미 있게 설명하지 못한다.

시장봉사자들의 세계에서는 자본과 수익률 사이에 함수적 관계가 존재하지 않는다. 그래서 시장에서는 소비자의 선호 강도를 보고 또 기업가의 소비자를 위한 봉사 기획의 타당성을 보는 것이 기본적인 고려사항이다.

대한민국에서 성공한 기업가들의 사례도 살펴보자. 롯데그룹의 신격호는 성실하게 우유 배달을 하며 도쿄의 공업고등학교에 다녔다. 당시 고물상을 하던 한 노인이 그를 예의주시했고 화공과이니만큼 윤활유 사업을 하라고 선뜻 5만 엔을 투자했다. 비록 미군의 폭격으로 사업은 실패했지만 신격호는 껌 판매로 다시 일어섰다. 성공한 뒤 그는 그 노인에게 투자금 상환은 물론 집까지

사주었다. 현대그룹의 정주영은 조선 사업을 시작하기 전에 투자를 받으러 영국의 은행에 찾아갔다가 이순신과 거북선이 그려진 500원짜리 지폐를 들고 찰스 롱보텀을 만났다. 그러나 주문도 받지 않은 회사의 어떻게 돈을 빌려주느냐는 말에 정주영은 그리스 선박왕 오나시스Aristotle Socrates Onassis의 조카 리바노스George S. Livanos를 만나 그를 설득해 주문을 받았으며, 결국 영국의 은행에서 투자를 받아내는 데 성공했다. 그러나 그마저도 오일쇼크가 발생하면서 발주했던 선박을 다 가져가지 않는 불운을 겪는 듯했지만, 오히려 인수해가지 않은 배를 기초로 현대상선이라는 회사를 출범시켜 위기를 극복했다.

포항제철의 박태준은 대한민국의 시장 규모에 비해 지나치게 크다는 이유로 외국의 제철소 컨소시엄을 설득하지 못해서 끝내 투자를 받지 못했다. 박태준도 그에 굴하지 않고 대일 청구권 자금을 가져와서 포항제철을 건설했고 성공시켰다. 대우그룹의 김우중은 섬유를 수출하다가 미국이 섬유 수입 쿼터제를 시행하려 하자 수출대행에 적극적으로 나서서 쿼터를 많이 확보했다. 남들이 걱정만 할 때였다. 제도 시행 직후 자신의 예상대로 미국 내 섬유 가격이 올라갔고 그는 엄청난 수익을 거두었다. 이런 몇몇 사례만 보아도 기업가의 기획과 피와 땀, 그리고 노력이 두드러지지 탁상 위에서의 자본과 자본수익률 간의 자동적 관계가 현실의 인과관계를 보여주는 것이 아님을 알 수 있다.

이러한 사례들만 보아도 자본수익률이라는 돋보기를 가져다 대고 '돈이 돈을 낳는다'고 말하는 것은 전혀 현실과 맞지 않는다. 그들은 자본과 수익 사이에 어떠한 함수 관계가 있어서 자본을 확보한 뒤에 승승장구 성공한 것이 아니기 때문이다. 그 기업가들은 소비자들의 선호 강도가 높은 부분에 잘 부응하여 봉사했고 타인의 자본을 적시에 동원할 수 있었으므로 성공한 것이다.

피케티와 마르크스의 공통적 실수 그리고 차이점은?

피케티는 19세기에 『자본』을 쓴 마르크스가 시장경제에서 이윤율의 경향적 저하를 특징으로 든 것은 잘못이라고 비판한다. 또한 그런 잘못을 저지른 것은 마르크스가 기술 발전과 생산성 향상을 무시했기 때문이라고 주장한다. 실제로 엥겔스가 발명할 것은 이미 다 발명돼 앞으로 더 이상의 발명이 불가능할 것이라고 말한 것이 오류이듯 피케티의 이 지적은 옳다. 나아가 피케티는 마르크스가 이윤율의 경향적 저하로 시장경제 체제가 멸망하리라고 예견한 것에 대해서도 비판한다. 『21세기 자본』에서 그는 시장경제에서 자본수익률이 경제성장률보다 상위에 있기 때문에 오히려 자본주의가 망하지 않는다고 했다.

시장경제가 망하고 말 것이라는 마르크스의 전망을 비판했다는 점에서는 피케티가 일부 옳을 수 있다. 그러나 그것은 소비자의 선호가 변화하고 기업가들의 봉사 경쟁이 치열해지기 때문이다. 미제스는 그래서 이윤율이 소비자의 선호를 잘 보여주는 것이고 기업가들이 높은 이윤율이 있는 곳으로 가는 것이야말로 소비자의 명령에 따르는 것이라고 했다. 이윤율이 떨어지는 산업이 있는 것은 당연하지만, 이윤율이 높아지는 새로운 산업이 생기기 때문에 경제 전반으로 그것을 확대해서는 큰 오류를 범할 수 있다.

그런데 피케티는 자본주의가 번영하지만, 그 모습은 돈이 돈을 낳고 대를 이어 불려가는 '상속 자본주의'의 모습이라고 지칭한다. 그리고 상속 자본주의에서 불평등의 확대를 억제하기 위해서는 부유세를 징수해야 한다고도 한다. 그 결과 피케티가 내놓은 대안은 오히려 독재자의 관점이다. 그는 자본수익률이 경제성장률 혹은 소득성장률보다 높기 때문에 부의 불평등이 있고 이를 시정하기 위해서 80%의 부유세로 성공적인 시장경제 봉사자들을 약탈해야 한다고 주장한다. 그러나 피케티는 그럴 권리가 어디에서 주어지는지 또 그렇게 하면 사회가 계속 번영과 발전을 할 수 있는지에 대해서는 아무런 이야기도 하지 않았다. 오직 독재자만 사람들 사이에 질투를 자극하고 약탈을 선동하여 그 차이를 없애고 싶은 마음을 가질 수 있고 그렇게 할 권력을 가졌기 때문에 이는 독재자 관점에서의 해결책일 뿐이다.

오히려 해결책과 관련해서 일관되고 논리적인 근거가 있다는 점에서 피케티보다 19세기 『자본』을 쓴 마르크스가 차라리 훨씬 더 양심적이고 일관성이 있다고 할 수 있다. 마르크스는 (비록 효용가치설과 시장에서의 소비자주권을 모른 채로 잘못된 노동가치론에 근거했지만) 자본가가 노동자를 착취했기 때문에 피착취 대중에 착취당한 것을 되찾자고 했다. 이런 점에서 근거가 빈부격차를 해소하자는 것일 뿐인 피케티보다 훨씬 더 '양심적인' 말을 했다고 할 수 있다. 게다가 (비록 기업가의 기획 및 신용이 실물의 자본보다 더 중요한 것임을 보지 못했고 또 자본이 노동의 친구라는 점도 몰랐지만) 생산의 결실이 제대로 된 임자에게 돌아가면 의욕이 꺾였던 사람들의 의욕을 더 고취시킬 것이기 때문에, 자본주의적인 임금노예적 생산관계의 질곡에서 해방될 수 있다면 번영과 발전의 길로 갈 수 있다고 말한 마르크스가 나누어 쓰자는 이야기를 한 피케티보다 훨씬 '미래지향적인' 이야기를 했다고 말할 수 있다. 그러나 '부자는 계속 부자일 것이기 때문에 약탈해야 한다! 부자를 약탈해서 나누어주면 가난한 사람들의 처지가 조금이나마 좋아진다!'고 이야기하는 피케티에게선 마르크스에게 조금이나마 남아 있던 논리적 일관성조차도 찾아볼 수 없다. 오직 남아 있는 것은 빈부 간에 질투와 약탈 선동뿐이다.

피케티도 마르크스도 모두 놓친 것이 있다. 시장경제에서의 부자는 시장에서 소비자들에게 헌신적으로 충성봉사를 했고 그 노력이 인정받은 결과라는 점이다. 이와 달리 시장경제 이전의 군주제, 봉건제 아래에서는 힘으로 남의 것을 빼앗은 자만이 부자가 될 수 있었고 시장경제를 폐지하고 사회주의를 세웠던 소련, 중국 등지에서는 무력으로 정권을 차지한 당 간부들만이 부자가 될 수 있었다는 점도 비교해야 한다.

또한 그들은 '한번 노동자가 영원한 노동자'가 아니라는 점도 보지 못했다. 노동자들은 시장봉사자인 기업가가 하는 것을 눈으로 보고 배운다. 그들도 아이디어와 신용만 있다면 독립해서 회사를 차릴 수 있다. 그리고 소비자의 선호를 충족시키면 성공한 기업가가 될 수 있다. 성공한 기업가들이 애초부터 금수저를 물고 태어난 사람이 아니라는 점은 몇몇 성공한 기업가들의 전기를 살펴보기만 해도 이내 알 수 있는 사실이다. 물론 노동자들에 대한 부당한 처우는 개선되어야 한다. 그러나 기본적으로 노동자들이 시장에 봉사하려는 마음을 가진다면, 시장봉사의 초보자인 그로서는 기업가를 훌륭한 스승으로 삼을 수 있다. 더군다나 무일푼인 그가 시장에서 소비자에게 봉사하기 위해 당장 손을 잡을 수 있는 제휴 상대도 기업가들뿐이다. 이를 볼 때 기업가는 노동자의 적이 아니라 노동자의 친구이고 오히려 노동자가 동맹을 맺어야 할 상대다.

소비자에 대한 봉사자인 기업가를 징벌함으로써 번영에 장애물을 설치해서는 안 된다

유권자 민주주의 국가에 '국회+정부기구'가 있다면, 소비자

민주주의 시장에는 '이윤+가격기구'가 있다. 정치 면에서 유권자가 보여주는 요구를 받들어 국회의 뜻에 따라 정부가 행정을 집행하듯이, 경제 면에서는 시장에서 소비자의 초과입찰outbidding이 보여주는 요구를 받들어 이윤에 따라 가격기구가 교환을 성사시킨다.

그런데 이 두 개의 민주주의 사이에서 현실 정치권력은 언제나 자발적 교환을 무력화할 수 있다는 것이 문제다. 이 때문에 미제스는 국가권력을 사유화하여 이윤+가격기구를 무력화하는 간섭주의를 극력으로 경계했다. 특히 일부 선동가들이 일부 이해관계 집단의 조직화된 폭력과 결합하여 분위기를 몰고 갈 경우, 대부분의 국민은 자신이 볼 손해가 어느 정도인지 계산하기 힘들기 때문에 속수무책인 경우가 많다. 그러므로 우리는 만인의, 만인에 대한 봉사기구인 시장경제에 해로운 장애물들이 설치될 때마다 그 작동 논리를 밝혀내고 그러한 장애물들에 맞서야 한다.

또한 우리는 자본이 자동으로 수익을 낳는다는 느낌을 주는 자본수익률 개념을 가지고 현실을 오도하는 사람들이 오늘날 시장경제의 봉사에 장애물을 설치하고 있다는 점을 잘 알아야 한다. 19세기에 마르크스가 그랬고, 21세기에 피케티가 그러하다. 몰수나 높은 세율은 자본 소모나 탕진을 불러온다. 자본 소모 내지 저축의 탕진이 번영에 장애물이 된다는 것은 확실하다. 따라서 몰수나 높은 세율로 기업가의 봉사 기획과 그 성과에 재갈을 물리는 짓은 번영에 장애물을 조성하는 짓이다.

몰수나 높은 세율을 이야기하는 이들은 평등에 대해서도 오판하고 있다. 사람들은 획일적으로 태어나지 않는다. 서로 다른 얼굴과 신체조건, 지력知力을 가지고 태어난 사람들에게 획일적인 평등이란 애초에 있을 수 없다. 오직 권력의 사유화를 통해 사람들을 차별하는 봉건적 지배 복종 관계로부터 해방되어 법 앞에서 평등하게 대우받아야 한다는 것만 유효하다. 이것이 법 앞의 평등에 관한 진정한 개념이고 역사적 성취였다. 그러나 이러한 평등도 쉽게 이루어진 것이 아니다. 법 앞의 평등, 민주주의와 자유는 오랜 역사의 투쟁을 통해서 얻은 것이다. 그리고 앞선 투쟁의 성공을 유지하기 위한 일관성 차원에서 비로소 법 앞의 평등으로 나아가는 길이 열렸다.

대런 아제모글루Daron Acemoglu와 제임스 로빈슨James A. Robinson은 그들의 책 『국가는 왜 실패하는가』에서 명예혁명 이후 영국의 소유권이 안정됐던 것은 국왕과 싸우는 과정에서 국회 쪽 사람들이 권력을 분산해 가지게 된 점empowerment, 이 동맹이 1215년 대헌장 때부터 1688년 명예혁명 때까지 계속된 점을 들었다. 그리고 이 동맹을 일관적으로 유지하기 위해 상위 귀족의 자의적인 권력 행사를 제한하고 하위 신분을 가진 투자자의 청원請願을 인정함으로써 가능했다고 말한다. 그 결과 소유권이 전반적으로 안정되면서 산업혁명이 발생했다고 주장하고 있다.

이러한 역사적 과정을 볼 때, 법 앞의 평등은 왕권 견제를 향한 투쟁 과정에서 투쟁의 일관성을 위해 동맹자들 간에 권력 행사도 제한함으로써 쟁취했음을 알 수 있다. 신분제의 한계 속에서나마 민주주의적 사상들ideas이 있었고 그 후에 민주주의적 항거라는 사건들events이 뒤따랐으며 여기에 신체 및 노동 생산물에 대한 소유권 이론을 제시한 존 로크John Locke를 필두로 한 사상가들이 논리logic를 보태 우리가 아는 자연법적 천부인권에 근거한 민주주의 사상체계ideology가 만들어졌음을 기억해야 한다.

그러므로 평등주의자들도 법 앞의 평등을 넘어선 경제적 평등을 주장하기 위해서는 시장에서 어떻게 경제적 권리가 침해됐는가를 먼저 이야기해야 한다. 만일 그러한 부당함이 있다면, 그것은 마땅히 구제돼야 하기 때문이다. 마르크스의 착취 논리가 이런 시도를 했지만, 그 주장은 효용가치설에 의해서 논리적으로 잘못된 것임이 밝혀졌다. 또한 혁명과 사회주의 실험에 의해서 역사적, 경험적으로도 비극적인 것임이 밝혀졌다. 그런데도 최근 등장한 피케티의 분배에 관한 주장을 보면, 성공한 봉사자들의 것을 왜 빼앗아야 하는지에 대한 근거도 논리도 찾아볼 수 없다.

누구나 자유롭게 기업가가 될 수 있는 시장의 민주주의적 환경 속에서 기업가가 아이디어로 성공하고 그것에 근거한 기업의 자본수익률이 경제성장률 혹은 소득성장률보다 높다는 것이 과연 누구의 권리를 침해한 것인가? 그렇다면 역으로 기업가의 실패가 일으킨 기업의 자본수익률 하락은 누구의 권리를 신장시킨 것인가? 실상 자본수익률이 높다는 것은 기업가의 시장봉사 노력이 성과를 냈다는 의미가 아닌가? 이게 실상이라면, 오히려 칭찬하고 격려해주어야 마땅하지 않은가? 과연 그 성과에 부유세, 누진세라는 불평등한 약탈의 징벌을 내리는 것이 옳은가? 게다가 근거도 없이 시장봉사자 약탈이라는 징벌을 하는 것이 과연 정의로운 일인가?

시장봉사자들을 칭찬하지 못할지언정 그들에게 징벌을 내린다면 인류에게 더 밝은 미래가 올 가능성은 점점 더 줄어들 뿐이다. 역사적으로 사회주의나 중과세 등 국가권력을 통한 교정 노력은 더 비참한 상태를 낳았음을 기억하자. 지금 필요한 것은 오히려 국가권력을 악용하여 시장봉사에 재갈을 물리려는 징벌을 못 하게 하는 것이다.

제3장

자본의 본질과 노동-자본 대립의 정치적 성격

김광동
나라정책연구원 원장

자본은 가치 증대를 목적으로 만들어진 것이다

자본은 필요한 가치를 증대시키기 위한 것이고 객관적으론 생산성 향상으로 나타난다. 우리 모두는 필요로 하는 것을 확대생산하기 위한 목적으로 자본을 조성하고 투자·운영함으로써 새로운 가치를 창출하거나 생산성 향상을 통해 삶의 질을 향상해나간다.

자본의 성격에 대한 이해는 비교적 단순한 단계의 공동체를 통해 설명될 수 있다. 10명이 사냥을 나가는 초보적 사회를 예로 들어보자. 토끼든 멧돼지든 각 개인이 10시간을 투여해 평균 5kg의 고기를 획득하는 사회가 있다. 그 사회에서 10명 중 1명(A)은

맨발이 아니라 가죽신을 신고 사냥을 나가게 되면, 동일한 10시간을 투여하더라도 5kg보다 더 많은 평균 6kg의 고기를 획득하게 된다는 것을 알았다. 그래서 그는 사냥 대신 가죽신을 만들어 공급하고 나머지 다른 9명으로부터 가죽신의 공급 대가로 600g씩 총 5.4kg을 받게 됐다. 결과적으로 모두가 이익을 얻은 것이다. 사냥꾼들은 가죽신을 신는 새로운 가치를 누리면서도 오히려 5.4kg의 고기를 사냥하여 400g의 추가소득을 얻었고, 가죽신 공급자도 5.4kg의 고기를 획득함으로써 직접 사냥했을 때보다 400g의 추가소득을 얻었다. 사냥꾼과 신발업자 모두에게 가치가 확대됐다. 이것이 바로 자본의 조성과 투자로 만들어진 사회다.

자본조성과 투자의 다음 단계에서 사냥 도구인 창이나 그물을 들고 사냥하게 된 것도 동일한 의미다. 또 다른 사람(B)은 사냥꾼이 가죽신을 신은데다, 창을 이용하여 사냥하면 같은 10시간에 훨씬 많은 8kg의 고기를 획득할 수 있다는 것을 알게 되었다. 그래서 그는 창 제조와 공급 사업을 시작했다. 그 결과 창을 든 8명이 개인당 8kg씩 총 64kg의 고기를 획득하게 됐고 전체적으로 가죽신만을 신고 사냥했을 때보다 고기량이 무려 10kg 더 늘어났다. 각각의 개별 사냥꾼들은 가죽신과 창의 공급 대가로 각각

600g과 1.4kg씩 주고 나서도 6kg의 고기를 소비할 수 있게 되었으니 처음보다 1kg이나 더 늘어난 것이다. 창 제조업자도 철 구입비 등 창 제조비용을 빼고 나서도 남보다 많은 고기를 얻을 수 있게 됐다. 더 나아가 남은 이익을 더 단단하고 내구성 있는 창을 만드는 사업에 반복 재투자함으로써 생산력은 계속 확대하게 된다.

여기서 가죽신 및 창의 제조와 공급이라고 표현된 자본에는 두 가지 노동이 투여돼 있다. 가죽신을 만들어 공급한 사람(A)과 사냥용 창을 만들어 공급하는 사람(B)에 의해 그 사회는 가죽신과 창을 들고 사냥하는 사회로 바뀌었고 그 공동체가 만드는 고기의 총생산량은 64kg으로 확대됐다. 또한 각 사냥꾼은 5kg의 고기가 아니라 이제 6kg의 고기를 소비할 수 있게 됐다. 그것을 도식으로 보면 다음과 같다.

제1단계

10명 사냥×각 10시간=고기 50kg

제2단계

자본I(가죽신: 1명)+(9명 사냥×10시간)=고기 54kg

제3단계

자본I(가죽신:1명)+자본II(창: 1명)+(8명 사냥×10시간)=고기 64kg

결론적으로 가죽신 제조와 창 제조처럼 자본을 형성하는 이유는 노동시간을 줄이고 노동의 고통을 줄이면서도 고기와 같이 인간에게 필요한 가치를 증대시키기 위함이다. 달리 표현하면 생산성 향상을 위해서다. 맨손을 사용하는 사회와 죽창을 사용하는 사회가 다르고 쇠창을 사용하는 사회와 사냥총을 사용하는 사회는 전적으로 다르다. 사냥한 고기와 같은 가치물을 확대생산하기 위해 가죽신이나 쇠창 혹은 사냥총 제조에 투여하는 것이 자본형성이다. 가죽신과 창이란 자본형성이 없었을 때 각 개인은 10시간에 5kg의 고기를 가져갔다. 하지만 가죽신과 창이란 자본을 만들어 투여했을 때 사회 전체적으로는 14kg의 고기가 더 생산됐고 개인 사냥꾼들은 5kg에서 6kg으로 가져갈 수 있는 고기량이 증가했다.

가죽신이든 창이라는 형태든 자본이란 가치증진이나 생산성 확대에 투여되는 것을 지칭한다. 나뭇가지로 땅을 파서 농사짓는 사회와 호미나 삽으로 땅을 파서 농사짓는 사회는 전적으로 다른 사회다. 마찬가지로 호미와 삽이 아닌 굴착기를 동원하는 사회는 전적으로 다른 사회다. 그리고 거대한 부를 가진 사람이라도 투자라는 생산활동에 그 부를 투여하지 않으면 자본가라 부르지 않는다. 저축은 나중에 쓰기 위해 사용을 유보하는 것이지만 자본은 확대생산을 목표로 투여되는 것으로 다르기 때문이다. 자본과 저축은 동전의 양면과 같지만, 겨울에 먹을 쌀을 저장하는 것과 노후 대비용 재산형성, 그리고 현금을 축적해놓는 것은 저축이긴 하지만 자본이 될 수 없다.

소비하거나 저축하는 것도 다 생산활동이지만 자본축적이라고 말할 수 없는 것은 가치증진을 목적으로 한 생산활동에 직접 투여되지 않기 때문이다. 물론 남이 저축한 것을 사용하며 이자를 주거나 임대료와 같이 사용료를 내고 사용하여 생산활동에 투여한다면, 그것은 물론 자본이다. 동일 논리로 자원과 자본도 다르다. 캐나다의 넓은 숲도 그대로는 자원 상태지만 현 상태를 변용하는 것, 즉 가구나 목재로 사용하여 가치를 증진시킬 목적으로 벌목하고 가공했을 때만 자원자본이 된다.

인간에 대해서도 인적자본이란 표현을 쓸 수 있다. 인간을 생산활동에 투여하는 측면만 보았을 때 적용된다. 목적적 존재이며 소비의 주체라는 측면에서 인적자본이란 부분적 측면을 표현하는 것이지만 분명 생산활동에 투여되고 생산을 통해 가치증진 활동에 참여했을 때는 인적자본이다. 오히려 중요한 것은 인적자본도 물적자본과 마찬가지로 그 수준과 가치가 모두 다를 수밖에 없다는 사실이다.

다시 10명의 사냥공동체 예를 그대로 든다면, 가죽신과 창 만드는 데 2명이 종사하고 8명이 협동사냥을 나갔을 때 8명의 능력은 동일하지 않다. 천부적이든 노력과 경험에 의한 후천적인 것이든 어떤 1명(C)은 사냥에 탁월함을 발휘할 수 있다. 평균 10시간 동안 50kg의 멧돼지를 잡는 데 C라는 특정 사냥꾼이 적극 참여했을 경우, 9시간이 걸리고 C가 소극 참여했을 경우, 10시간이 걸린다면 C라는 사람은 남다른 가치를 창출하는 역할을 한다고 평가된다.

이 경우 탁월한 특정인 C에 대해서도 협동해 잡은 멧돼지 50kg을 똑같이 5kg씩 배분하는 상황이 반복되면 결국 그는 사냥에 적극 참여하지 않을 것이다. 또한 상황에 따라 아프거나 다쳤다며 사냥을 나가지 않게 될 것이다. 그럼으로써 다른 9명이 12시간 혹은 14시간씩 일해도 C가 참여했을 때보다 적은 몫만 가져가게 되는 상황을 의도적으로 만들 수도 있다. 그런 방식으로 본인의 가치를 확인하게 될 것이다. 따라서 그런 상황을 맞이하기보다는 C의 몫은 달리 배분하는 게 모두에게 이익이다. 예를 들면 똑같이 5kg씩 받던 상황에서 C는 나머지 9명으로부터 100g씩 더 받아 총 5.9kg을 받게 되는 방식이 그것이다. 물론 C에게 더 주는 것을 거부해서 C가 사냥에 함께 동참하지 않는다면 오히려 각자 4.5kg밖에 못 가져가는 상황을 맞이하기 때문이다. C는 기술, 경험, 지혜 혹은 능력을 더 갖춰 생산에 기여하는 바가 크기에 더 많은 몫을 가져갈 근거를 가진다. 노동생산성은 사람마다, 조직마다 다르고 나라마다 다르다. 그것을 인정하지 않으면 사회 전체적으로나 각각의 개인으로나 더욱 손해를 볼 수밖에 없다.

한국의 5천만 인구와 인도의 12억 인구의 총생산량에 큰 차이가 없는 것은 12억 인도 인구도 다 인적자원이지만 가치창출과 증진을 위한 생산성 향상 과정에 결부되는 수준이 낮기 때문이다. 자본도 고도로 축적되듯 인간의 능력도 고도화되고 축적되어 계승된다. 자본축적 수준에 따라 인간의 능력도 달라지고 인간의 능력에 따라 자본축적 수준도 달라지는 상호관계에 있다. 나뭇가지를 든 인간과 곡괭이를 든 인간이 다르고 제임스 와트나 아인슈타인을 만난 결과로 이루어지는 사회적 자본형성은 완전히 다른 것이다. 그런 면에서 자본형성에는 비약innovation이 있을 수 있다. 예를 들면 화약이나 증기기관의 발명으로 이루어진 비약이나 컴퓨터의 발명이나 인터넷으로 이루어진 비약이란 말로 표현할 수 없을 정도다.

자본은 노동집적물이지만 화폐적으로 표현된다

가치창출과 증식을 목적으로 조성된 자본의 기본 구성물은 인간노동이다. 자본은 물질material이자 도구instruments지만 그 물질과 자본에 투여된 집적 노동으로 표현될 수도 있다. 자본은 본질적으로 노동축적에 의해 형성되는 것이므로 노동집적의 외적 표현이지만, 화폐적으로도 표현된다.

그 예를 삼촌이 주는 세뱃돈으로 설명할 수 있다. 지난 설날 삼촌 집을 방문하여 세배를 했더니 월 300만 원의 수입을 받는 삼촌이 용돈 겸 세뱃돈으로 선뜻 30만 원을 줬다. 삼촌의 한 달 월급이 300만 원이니 본인이 3일간 한 노동의 몫을 내게 준 셈이고 그 돈은 삼촌의 노동으로 창출된 몫이 이전된 것일 뿐이다. 그런데 올해 추석에 인사를 했더니 이번엔 삼촌이 3일간 한 노동의 몫에 해당하는 3일(3×8=24시간), 즉 30만 원을 대신하여 나와 3일간 놀아주겠다고 했다. 죄송하지만 실망스러웠다. 삼촌에게는 동일한 가치일지 모르겠지만 내게는 전혀 다르다. 3일간 놀아주는 행위는 화폐와 달리 보편적 사용이 불가능하여 내게 선택의 여지가 없기 때문이다. 내가 저축하거나 주식에 투자하는 등 자본으로 전환시킬 수도 없고 영화를 보거나 여행 갈 수도 없는 제한된 사용에 그치기 때문이다.

자본을 화폐로 표현하는 것은 선택 가능성과 범용성 때문이다. 그러나 중요한 것은 자본이 곧 노동이라는 사실이다. 30만 원은 삼촌이 3일간 한 노동의 몫이다. 물론 모든 노동이 자본이 되는 것은 아니고 추가적 가치를 목적으로 다른 생산과정에 투여되는 것을 자본이라 할 수 있다. 앞서 예시로 들은 10명의 사냥공동체로 말한다면 8명이 각각 2시간씩의 노동, 혹은 그 노동 몫에 해당하는 2kg의 고기를 조성해 만들어진 것이 바로 자본으로서의 가죽신이고 창이다. 결과적으로 가죽신과 창이란 자본재는 신발 제조자와 창 제조자의 노동이 투여되어 만들어진 결과물이기도 하지만, 한편으론 다른 개별적 사냥꾼들의 사냥 노동이 있었기에 조성이 가능해진 것이기도 하다.

도표 1을 통해 단순화시켜보자. 자원 상태의 노천 광물에 노동10을 투여해 철광석으로 바꾸었다면 그것은 노동20의 가치가 있는 잠재적 자본이다. 다시 그 철광석에 15의 노동을 재투여해 철강으로 전환했다면 그것은 50의 가치를 가진 잠재적 자본이 된다. 마찬가지로 다시 90의 가치를 가진 차 부품이 되고 생산공정

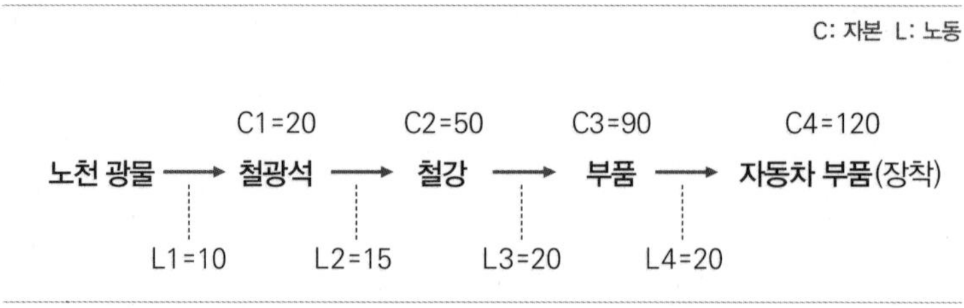

도표 1. 자본의 형성과 고도화

과 자동차를 만드는 생산과정을 거쳐 점차 120의 가치가 있는 자동차에 장착된 부품이 됐다면 그것은 120의 가치로 표현되는 자동차 부품이며, 또 다른 형태의 자본이다. 그런 자본축적의 무한 결합구조를 도표로 그려보면 도표 2와 같다.

물론 인적자본도 물적자본과의 결합 형태에 따라 전혀 다른 가치를 가진다. 격리된 숲에서 문명 혜택 없이 벌목 작업에만 투여된 노동의 가치가 근대 문명사회에서 천재적 소질을 겸비하고 과학기술로 무장한 인간의 노동가치와 같을 수 없다. 마찬가지로 나뭇가지라는 생산도구가 주어진 인간과 삽이 주어진 인간 혹은 굴착기가 주어진 인간의 생산성은 천양지차다. 그것은 어떤 수준의 자본 혹은 어떤 생산수단과 함께하느냐에 따라 그 인간의 생산성은 차원을 달리하게 된다. 18세기 증기기관을 장착한 화물선과 300명의 인간이 노를 저었던 화물선이 생산성 대결을 했을 때

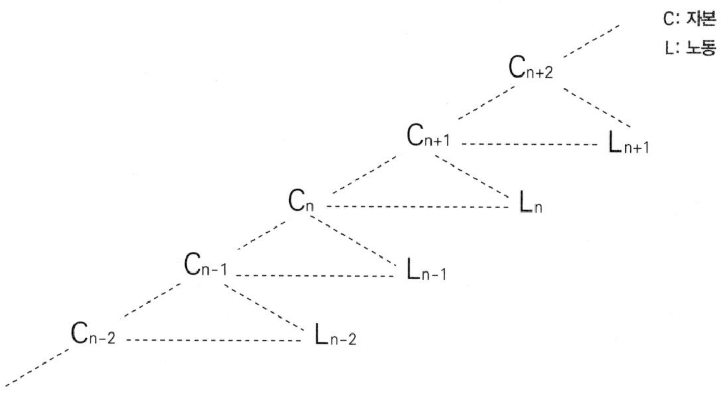

도표 2. 자본과 노동의 무한 결합 구조

10분의 1도 쫓아갈 수 없었던 것은 당연하다. 영국에 있던 1대의 방적기를 100명의 인도 노동자들이 땀을 흘려도 따라갈 수 없었다. 이렇듯 인간이 한 노동축적의 결과물은 자본이지만 그 자본을 축적하지 못하고 활용하지 못한다면 그 생산성이란 의미조차 없는 수준이다.

그런 의미에서 자본가란 생산에 투여할 자본재를 운용하는 사람이고 노동자란 생산에 자본재를 투여하지 않고 인적자본이든 단순노동이든 노동을 주로 투여하는 사람을 말한다. 보통은 자본의 물적 형태와 화폐적 표현 때문에 고도의 인적자본에 해당하는 능력을 갖췄더라도 인적자본가로 불리지는 않는다. 도표 1에서 같은 시간노동이지만 노동 L1, L2, L3 및 L4를 각각 노동가치 10, 15, 20, 20로 표현했듯 노동가치는 노동생산성이나 숙련도, 혹은 창의성과 상상력에 따라 전혀 다르게 작용된다. 물론 노동은 사회적 필요노동 즉 소비자든 생산자든 원하는 노동을 의미하는 것이지 노동, 그 자체를 말하는 것은 아니다. 노동 그 자체가 가치를 만들 수도 없지만, 우리가 말하는 가치란 사회적 가치 혹은 소비자(=생산자)가 원하는 가치를 의미한다. 자본이 화폐로 표현되기도 하고 곡괭이, 굴착기 혹은 자동차 공장과 같은 물적 형태로 표현되기도 한다. 그 본질은 누적되고 집적되어온 노동의 외적 형태다. 그런 면에서 자본과 노동은 외적으로 표현되는 형태의 차이에 불과하다.

자본에 대한 공격은 직접적 노동의 몫 다툼이다

자본은 노동축적물인데도 자본-노동의 갈등관계나 대립관

계란 자본투여를 통한 소득이 주 수입이 되는 사람과 노동투여를 통한 소득이 주 수입이 되는 사람의 갈등인 것이다. 결론적으론 각자의 몫에 대한 기여 몫과 배분 몫의 갈등이다. 따라서 갈등의 구체성을 보면 자본과 노동의 대립이라기보다는 자본 소유자와 노동 소유자 간의 대립이거나 고소득자와 저소득자의 갈등으로 나타난다.

사냥공동체로 말한다면 첫째, 신발과 창을 만들어 공급하는 2명의 자본투여 사업자(A, B)와 남다른 인적 능력을 갖춰 사냥에 탁월한 1명(C)과 나머지 단순 노동을 제공하는 7명(D) 간에 발생한다. 4자 간에는 당연히 자신의 몫이 더 커야 한다는 주장에 따른 갈등이 상존하고 그것은 결과적으로 만들어진 54kg 혹은 64kg의 고기 획득에 누가 더 기여했느냐에 대한 평가와 그에 따른 몫에 대한 경쟁이다. 다들 자신의 역할과 기여가 더 크다는 것을 과시하기 위해 다양한 방법을 구사한다. 가죽신과 창 공급을 중단하거나 받을 몫을 올려보기도 하고 아프다고 사냥에 나가길 거부하기도 하며 일반 사냥꾼들은 신발과 창 구입을 거부하고 맨발과 대체재인 죽창을 들고 사냥에 나서기도 한다. 모든 것은 생산결과의 자기 기여 몫에 대한 표현이자 확대적 과시다.

대립과 갈등의 기본구조는 자기 역할이 더 크기에 그 몫을 더 가져갈 수 있도록 각자가 더 노력하는 데서 온다. 그 경쟁이 사회를 더 발전시키기도 한다. 더 튼튼하고 뾰족한 창을 만듦으로써 평균 9시간 걸리던 사냥 시간을 8시간으로 줄이거나 50kg 정도의 멧돼지밖에 못 잡던 사냥꾼들이 60kg이나 70kg 정도의 곰도 잡을 수 있게 되는 것이고 다른 사냥법을 창안함으로써 창 공급자인 B 없이도 사냥에 성공하는 사례가 반복되기 마련이다. 그러나 본질은 생산과정에 자신이 제공하는 역할과 몫을 둘러싼 인정 투쟁이자 기여 몫 갈등이다. 그런 면에서 노동자 파업도 자기 기여 몫에 대한 과시 투쟁이자, 인정 투쟁이다.

사실 자본, 기술(=숙련노동), 노동으로 구성된 생산과정이라고 해도 단계별로 자본, 기술, 노동이 반복돼 반영되므로 기여한 몫을 정확히 계산한다는 것은 불가능하다. 한번 계산된 것이 계속 동일하게 적용될 수도 없다. 결국 시장에서의 자유경쟁과 자유선택에 의해서, 그때그때의 거래와 계약에 의해서 결정되는 것 이외에 방법은 없다. 자본도 단기적이든 장기적이든 자신을 가장 대우해주는 생산과정에 참여하고 싶어 한다. 때문에 투자수익률이나 이자율에 따라 이동하는 것은 물론이고 노동과 기술(=노동Ⅱ)도 가장 대우를 많이 해주는, 즉 연봉이 높은 곳으로 이동한다. 그러므로 시장에서 이루어지는 자본, 노동, 기술 간의 결합과 거래방식은 상대적으로 자연스럽다. 누가 더 중요하고 더 큰 몫을 가져갈 수 있느냐 하는 것은 반복된 사냥의 결과를 통해 입증되는 것이고 시장경제에서는 반복된 거래의 형성과정으로 표현된다.

노동의 집적물인 자본은 스스로 가치증식을 하지 않는다. 노동과의 결합으로 가치증식이 이루어진다. 따라서 시장적 평가와 거래가 상대적으로 적은 노동 소유자는 자본을 대상으로 자본의 몫을 낮추기 위해 인위적인 노력을 하기 마련이다. 그 이유는 크게 세 가지 문제 때문인데 첫째는 자본의 성격에 대해 무지하거나 알면서도 자기 몫 확대라는 이익 추구에 따라 의도적으로 무시하기 때문이다.

도표 3에서 보듯 세뱃돈 30만 원은 다양하게 전환될 수 있다. 소비, 저축, 자본투자가 그것이다. 그런데 소비는 가치구현이고 저축은 가치유보이기 때문에 언제든지 사용할 수 있다. 그러나 투자는 전혀 다른 것이다. 투자는 가치증가를 위해 투여되므로 리스크를 부담해야 하고 미래 가치를 전혀 알 수 없다. 30만 원을 투자해 3년 뒤 50만 원이 될지, 그대로 30만 원일지 아니면 10만

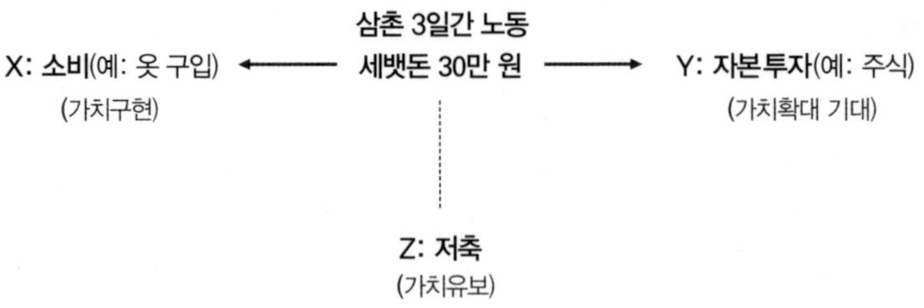

도표 3. 화폐=고기의 사용과 전환

원이나 0원이 될 수도 있다.

달리 말하면 가치구현(X)과 가치유보(Z)와 달리 자본화된 Y의 미래는 매우 불확실한 것이다. 그것은 자본의 성격을 대변하는 사업체의 존재율로 충분히 확인할 수 있다. 모든 사업자의 1년 내 소멸률은 13.8%다. 모든 사업체의 13.8%가 문을 닫는다는 것은 곧 자본의 13.8%는 자본으로서의 역할을 하지 못하고 없어진다는 의미도 된다. 또한 사업을 시작한 사업자의 59.8%는 1년 뒤에 폐업하고 사업자의 30.9%만이 5년 뒤까지 살아남는다. 69.1%의 사업자가 5년을 버티지 못한다는 것은 그만큼 자본이 가치를 증식하는 데 기여할 확률이 매우 적다는 것이다. 가치 확대나 생산성 확대에 기여하는 명실상부한 자본으로 남아 가치가 증대되

기간 \ 자본	A=10	B=10	C=10	D=10	E=10	F=10	총가치합계 60
1년	12	8	5	2	18	25	70
5년	15	5	5	0	20	30	80

도표 4. 투자 자본의 미래와 결과

는 것은 어려운 일이다. 쉽다면 누구나 지금 사업에 나섰을 것이다. 심지어 엄격한 심사와 조건, 그리고 몇 년에 걸쳐 사업경과에 대한 검증을 거친 증권거래소 상장법인도 매년 8개가 폐업하고 상장 후 상장 폐지된 기업이 전체 상장기업의 40%에 이른다. 이 사실을 도표로 그려보면 다음과 같다.

A부터 F까지는 각각 10이라는 투자자본의 미래 결과다. 자본 A는 1년 혹은 5년 뒤에도 현상 유지에 머물렀다. 성공한 예는 자본 E와 F다. 투자된 자본량보다 줄어들었거나 없어진 실패는 B와 C, 그리고 D다. 전체 사회의 총가치량은 60에서 1년 뒤 70으로, 5년 뒤에는 80으로 증가하고 성장했다. 그런데 문제는 노동자의 시각은 E와 F만을 대상으로 보는 반면, 자본가의 시각은 A에서 F까지에 대한 평균수익률과 실패 내지 자본축소에 대한 위험 리스크를 감안한다. 실패의 경우까지 보느냐, 아니면 성공의 경우

만 보느냐의 차이가 노동과 자본 간의 배분 몫 갈등이 확대되거나 격화되는 첫 번째 기본요인이 되는 경우가 많다. 성공의 예를 자본 전체 중 일부로 보는 자본가와 성공의 예를 중심으로 평가하고 몫을 요구하는 노동자의 차이다. 사냥공동체로 말하면 신발과 창을 만드는 사람이 실패했을 때 그 부담과 책임을 누가 지느냐가 생략되는 경우가 많은 것이 현실이다.

둘째는 E와 F 자본의 미래에 대한 고려 문제와 관련된 것으로, 5년 혹은 10년 뒤의 E와 F를 고려하는 노동자와 자본가의 비중 문제다. 자본가는 언제든지 B, C, D처럼 된다는 것을 잘 알고 있고 현재 30이지만 그중 15 이상을 재투자하여 더 커다란 자본 싸움에 들어서지 않으면 안 된다는 절박한 상황에 처해 있다. 자본가가 맞이하는 가장 치열한 경쟁은 사실 다른 자본과의 경쟁이다. 자본의 최대 경쟁자는 다른 자본이며 자본끼리 경쟁하는 것이 가장 힘들고 고통스럽다. 사냥공동체로 말한다면 제3의 사냥꾼이 창을 능가하는 다른 사냥 수단물을 만들어내는 경우다. 갑작스러운 몰락일 뿐만 아니라 더 좋은 창을 만들거나 다시 사냥꾼으로 전업하지 않으면 안 되는 절박함에 내몰리게 된다. 언제나 지속되는 것은 단 하나도 없는 것이 현실이기 때문이다. 생존을 위해 추가투자되어야 할 몫이라고 보는 사업가와 많은 수입이 생겼으니 분배를 확대하라는 몫에 대한 갈등이 바로 두 번째 갈등의 기본요인이다.

마지막 세 번째 갈등은 시장 외적인 정치사회적 영역에서 나타난다. 자본에 대한 공격은 대개 자본 무소유층이거나 상대적으로 적은 자본을 소유한 그룹과 계층으로부터 온다. 대표적인 자본 공격 계층은 바로 청년층이거나 자본 무소유층이다. 상속재산이 많지 않은 한 청년층이 소유한 자본의 양은 소량일 수밖에 없고 비록 청년이 아닌 중장년층이라도 자본소득보다는 노동소득에만 의존하는 비율이 높을수록 자본에 적대적이다. 동일한 산출량을 전제한다면 자본의 기여도가 적다고 함으로써 노동 제공

C: 자본　α: 부가가치
L: 노동　P: 최종가치

- **(X) 시장구조: C100 + L20 + α = P150**
- **(Y) 정치에 의한 변형구조Ⅰ: C95 + L25 + α = P150**
- **(Z) 정치에 의한 변형구조Ⅱ: C105 + L15 + α = P150**

도표 5. 정치를 통한 시장적 배분 몫의 변형

자에 대한 평가가 높고 기여 몫이 커지기 때문이다. 그 몫에 대한 확대 투쟁을 정부 혹은 사회에 대한 요구로 전환해나간다. 그것은 민주주의와 다수 지배율에 따라 더 확대될 가능성이 있다. 도표 5로 보면 다음과 같다.

이념형 시장구조가 X형이라 할 때 정치구조가 작동하는 현실사회에는 그 변형이 나타난다. 이때 자본소득 축소와 노동소득 확대를 지향하는 Y형과 자본소득의 확대와 노동소득의 축소를 지향하는 Z형이 있을 수 있다. 사회적 대립의 주요 형태다. 정치구조 Y가 만드는 경제질서를 유지할 것이냐 정치구조 Z가 만드는 경제질서를 유지할 것이냐의 문제도 사회적 선택이다. 법적 강제력을 가진 정부가 제도를 통해 자유시장적 거래에 변형을 취할 수 있다. 사회구성원의 정치 성향은 자본과 노동 간의 기여도에 대한 평가에서 자본 몫을 강조할수록 보수 내지 우파 성향을 띠고 노동 몫을 강조할수록 진보 내지 좌파 성향을 갖는다. 그것은 정부가 조세제도를 통해 재분배 기능을 담당하는 상황에서 진보좌파는 정부와 제도를 통해 자본 소유층에 대한 과세 강화, 자본 기여 몫에 대한 몫 축소 역할을 요구하고 보수우파는 상대적으로 자본보유 및 자본소득에 대한 과세 감소와 자본 무소유층이 제공하는 상대적 노동 기여 몫에 대한 몫 축소 역할을 요구하기 때문이다.

자본(재산)에 대한 공격이나 자본 몫에 대해 격하 또는 배제하는 계층은 언제든 청년층, 다시 말하면 재산이나 자본이 없으면서도 사회적 경험이 적은 사람으로 이루어진다. 16세부터 30세 전후가 대부분이었던 '문화대혁명'이나 청년층을 중심으로 이루어진 '월가를 점령하라'는 시위와 같이 자본에 대한 공격은 대부분 당연히 청년층이 잘 표현한다. 각종 여론조사나 정치 선거에 나타는 투표 행위도 상대적 비율을 보면 자본과 노동 간의 갈등을 명확히 반영한다. 좌파가 왜 젊은 세대에게 호소하는 게 당연한지, 사업을 하는 자영업자가 왜 보수를 지지하는지도 잘 보여준다. 영국의 보수당과 노동당이 대표적인 경우다. 결국 노동 제공자와 자본 운용자는 자유시장적 거래에서 강제력을 발휘할 수 있는데 그것은 정치적 지배를 통해서다.

자본-노동의 상대적 성격과 정치체제

자본은 노동의 집적물이며 노동과 자본은 표현의 형태가 다를

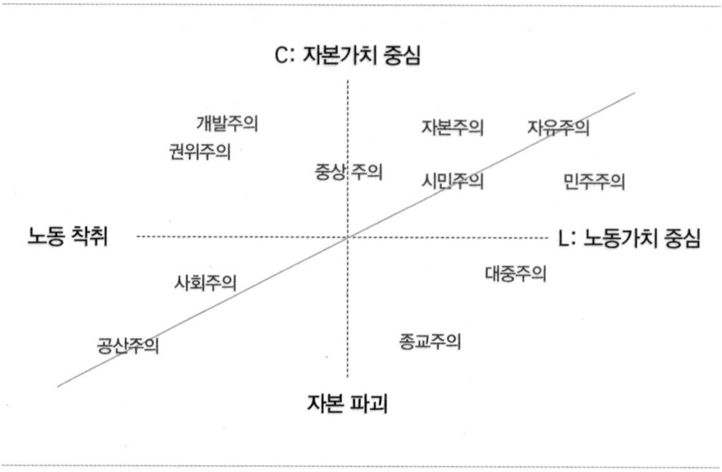

도표 6. 노동－자본 간의 상대적 성격과 정치체제(질서)

뿐인데도 그 자본 운용자를 어떻게 보느냐에 따라 사회질서는 차이가 크다. 자본집적에 의한 생산성 확대를 지향하는 사회가 있는가 하면 직접적 노동대가에 대한 보상을 중시하는 사회가 있다. 물론 자본집적을 파괴하면서도 인간노동에 대해서는 동원 가능한 수단으로 여기는 정치질서도 있다. 대표적 형태가 바로 공산주의다. 전체주의나 공산주의는 자본과 노동을 동시에 독점하고 강제로 통제하는 사회다. 물론 자유민주 체제에서도 자유를 본질로 하는 자유시장적 사회와 민주주의 중심적 사회 간에 차이가 있을 수 있다. 자유에 가중치를 두느냐, 혹은 민주에 가중치를 두느냐에 따라 정치질서의 모델은 다르다. 미국의 공화당과 민주당 간의 차이나 영국의 보수당과 노동당의 차이도 여기에서 비롯된다.

중상주의나 국가 주도적 개발주의도 그것이 극복하려는 질서 형태에 따라 다르게 평가된다. 자유주의나 민주주의와 대결하는 것인지, 아니면 대중주의나 사회주의와 대결하는 것인지와 같은 방향성도 다르게 평가되어야 한다. 또한 종교주의적 사회도 극심하게 자본축적을 방해한다. 암흑기라 불린 중세 유럽의 종교 중심 사회도 그렇지만 이슬람문화나 유교문화도 그렇다. 인간과 인격을 존중하는 것도 아니면서도 신神에 대한 구복, 각종 종교시설, 장례와 제사, 묘소 조성과 묘소 관리 등에 과도한 노동을 투여하게 만들며 미래의 삶의 질을 개선할 자본을 형성하는 부분에 대한 강조는 나타나지 않는다. 오히려 형성된 자본도 사회질서와 제도에 따라 해체·파괴되기도 한다.

자본은 노동시간과 노동 고통을 줄이며 가치 생산을 확대한다. 자본을 고도화하지 않는 사회가 번영하는 경우는 없다. 자본에 대한 공격은 자본형성을 방해하고 그렇지 않은 세계로 자본의 이동을 촉진한다. 노동의 이동성에 비해 자본의 이동성은 매우 자유롭다. 노동도 자유롭게 이동하지만 지리적 한계와 문화적 한계에 깊은 연관성이 있어 억제되는 반면 자본의 자유이동은 국경과 문화를 넘나든다. 자본은 이동이 자유롭고 국적이 없다. 자본과 노동 간의 상대적인 이동성의 차이가 자본 중시 사회로 자본 이동이 집중되고 부와 성장이 집중될 가능성을 항상 존재하게 만든다. 결국 재산 형성이 가능한가도 중요하지만, 형성된 재산을 자본화하거나 비자본화하는 것은 사회 발전에 중요한 갈림길이 되어왔다. 특히 17세기 이후 시대를 자본주의라고 부르는 것은 자본축적에 따라 인간노동을 대체하는 기계와 같은 자본의 역할이 노동을 해방했고 인류를 노동의 고통에서 벗어나게 했기 때문이다. 또한 자본은 전 세계를 영역으로 활동 무대를 넓혔고 주식회사와 같은 자본 관계를 중심으로 생산조직이 만들어지고 인적 관계가 형성되는 사회를 도래시켰기 때문이다.

삶의 질이 향상되어 번영한 사회란 자본의 조성과 투자를 중시하는 사회다. 자본은 미래의 확대된 가치를 만들기 위해 생산과정에 투여되는 집적된 노동을 말한다. 자본이 조성되기 어려운 사회는 생산성도 낮고 삶의 질도 낮아질 수밖에 없다. 자본의 조성과 투자가 보호되지 않는 경우, 자본축적은 커다란 위협에 도달하고 사회는 정체하거나 낙오하게 된다. 사냥공동체를 예로 든다면 창을 만드는 사람이 창 제조를 자유롭게 시도할 수 있는 사회 분위기와 제도가 형성되어 있느냐는 것이며 탁월한 창을 만들었을 때 그만한 공로를 보장해주는 사회인가의 문제다. 자본 활동을 가능하게 만드는 사회란 불확실한 미래를 내다보고 자본을 조성하여 투자했을 때 발생할 실패 리스크와 불확실성을 극복할 수 있는 제도를 갖춘 사회다. 또 자본투자에 따른 사회적 기여에 대한 대가와 존중이 분명한 사회다.

참고문헌

제1부 자본에 대한 오해와 편견

제1장 자본의 미스터리: 자본은 역사적으로 어떻게 변화되는가?

데 소토, 에르난도, 『자본의 미스터리』, 윤영호 옮김, 세종서적, 2003

드러커, 피터, 『Next Society』, 이재규 옮김, 한국경제신문, 2007

번스타인, 윌리엄, 『부의 탄생』, 김현구 옮김, 시아출판사, 2005

피케티, 토마, 『21세기 자본』, 장경덕 외 옮김, 글항아리, 2014

제2장 '자본'에 대한 편견은 어디에서 왔는가

마르크스, 카를, 『공산당 선언』, 이진우 옮김, 책세상, 2002

사회과학출판사, 『정치사전』, 1973

안재욱·김영용·김우택·송원근, 『새 경제학원론』, 교보문고, 2012

울프, 조너선, 『한권으로 보는 마르크스』, 김경수 옮김, 책과함께, 2005

Eaton, John, *Political Economy: A Marxist Textbook*, International Publisher, 1963

제3장 자본에 대한 원한은 왜 나타나는가?

민경국, 『경제사상사 여행』, 21세기북스, 2014

멀러, 제리, 『자본주의의 매혹』, 서찬주·김청환 옮김, 휴먼앤북스, 2006

모스트, 요한·마르크스, 카를, 『자본과 노동: 마르크스의 숨겨진 자본론 입문』, 오타니 데이노스케·정연소 옮김, 한울아카데미, 2014

박종운, 『미제스(Ludwig von Mises): 시장경제는 무엇인가? 그리고 그것을 미워하는 사람들의 마음은?』, 자유경제원, 2015

박종운, 「자본가와 기업가」, 자유경제원 자유주의 연구회, 2015

안재욱, 『흐름으로 읽는 자본주의의 역사』, 프리이코노미북스, 2015

슘페터, 조지프, 『자본주의 사회주의 민주주의』, 변상진 옮김, 한길사, 2011

최승노, 「우리 모두는 다 자본가다」 자유경제원 자유주의 연구회, 2015

Holcombe, Randall G., *Advanced Introduction to The Austrian School of Economic*, Edward Elgar, 2014

Mises, Ludwig von, *The Anti-Capitalistic Mentality*, Libertarian Press Inc, 1972

Mises, Ludwig von, *Economic Policy*, Free Market Books, 1979

Nozick, Robert, "Why Do Intellectuals Oppose Capitalism?", *CATO Policy Report*, Vol.XX(no.1), Cato institute, 1998

Reisman, George, *Capitalism*, TJS Books, 1998

제2부 자본에 대한 올바른 해석

제1장 우리 모두는 자본가다

안재욱, 『격차, 그 지극한 자연스러움』, 백년동안, 2015

최승노, 『노동의 가치』, 프리이코노미스쿨, 2015

최승노, 『정의로운 체제, 자본주의』, 프리이코노미스쿨, 2014

제2장 기업가는 누구 돈으로 시장에서 봉사하는가?

로스바드, 머리, 『인간 경제 국가 2』, 전용덕·김이석 옮김, 나남출판, 2006

메이틀, 슐로머, 『CEO 경제학』, 이용숙 옮김, 거름, 2001

미제스, 루드비히 폰, 『인간행동』, 민경국·박종운 옮김, 지식을 만드는 지식, 2011

애쓰모글루, 대런·로빈슨, 제임스 A., 『국가는 왜 실패하는가』 최완규 옮김, 시공사, 2012

「실물로서 자본」, 두산백과

Rothbard, Murray N., *The Mystery of Banking*, Ludwig von Mises Institute, 2008

Hilferding, Rudolf, "Böhm-Bawerk's Criticism of Marx", *Karl Marx and the Close of his System & Böhm-Bawerk's Criticism of Marx*, Augustus M. Kelley, 1949

Marx, Karl, "Pre-Capitalist Economic Formations"

자유주의 자본론

펴낸날 초판 1쇄 2016년 1월 15일
초판 2쇄 2016년 12월 15일

엮은이 김승욱
펴낸이 김광숙
펴낸곳 백년동안
출판등록 2014년 3월 25일 제406-2014-000031호

주소 경기도 파주시 광인사길 30
전화 031-941-8988
팩스 070-8884-8988
이메일 on100years@gmail.com

ISBN 979-11-86061-48-0 03320

이 도서의 국립중앙도서관 출판시도서목록(CIP)은 서지정보유통지원시스템 홈페이지 (http://seoji.nl.go.kr)와 국가자료공동목록시스템(http://www.nl.go.kr/kolisnet)에서 이용하실 수 있습니다.(CIP제어번호: CIP2015032921)